Ezerk Ezin du Zure Patutik Ihes Egin

Ezerk Ezin du Zure Patutik Ihes Egin

Aldivan Torres

aldivan teixeira torres

CONTENTS

1   1

" Ezerk Ezin du Zure Patutik Ihes Egin

"

Aldivan Torres

Ezerk Ezin du Zure Patutik Ihes Egin

Egilea: Aldivan Torres
© 2020- Aldivan Torres
Eskubide guztiak erreserbatuta

Aldivan Torres, hainbat generotan finkatutako idazlea da. Orain arte, hamarnaka hizkuntzatan argitaratutako izenburuak ditu. Gaztetatik, idazketaren artearen maitalea izan zen beti, eta 2013ko bigarren seihilekotik aurrera karrera profesional bat finkatu zuen. Bere idatziekin nazioarteko kulturari laguntzea espero du, oraindik ohiturarik ez dutenak irakurtzearen plazera piztuz. Zure eginkizuna zure irakurle bakoitzaren bihotzak irabaztea da. Literaturaz gain, musika, bidaiak, lagunak, familia eta bizitzeko plazera dira bere gustu nagusiak. "Gizakiaren literatura, berdintasuna, anaitasuna, justizia, duintasuna eta ohorea direla eta" da bere leloa.

Gizartean duen zeregina aitortuz
Ametsen bilaketa
Haurtzaroko esperientziak
Inork ez ditu nire sexualitatea errespetatzen
Nire maitasun-bizitzan egin nuen akats handia
Nire lankideekin izan nuen desengainu handia
Iragarpen handiak nire bizitzarako
Santu hura botikario baten semea zen
Bidaia
Seminariora iritsi
Andre Mariaren bisita
Erlijioari buruzko ikasgaia
Mintegian elkarrizketa
Pasio-kongregazioan sarrera
Herrialdea misiolari gisa zeharkatuz
Italia hegoaldeko herri batean
Kongregazioaren Fundatzailearen heriotza
Gotzain kargurako izendapena
Napoleon Bonaparteren inbasioa
Erbesteko aldia
Misioaren agurra
Jabalpur- 2022ko urtarrilaren 4a

Bidaia luze baten ondoren

Hegazkinetik jaitsi berria zen eta indigenen eskualdearen ugaritasunaz kikildurik zegoen. Paisaia benetan ikusgarria zen. Mendien, oinezkoen, automobilen eta espazioan lehiatzen ziren animalien artean osatutako erliebearekin, India oso herrialde exotikoa zen. Bereziki ondo sentitu nintzen espazio berezi eta mistiko horretan.

Hegazkinetik jaistean, noraezean iritsi nintzen aireportura. Ingelesez komunikatzen naiz eta bertako langileetako batek taxi batera eramaten nau. Nire zain zeuden hotelera iristea zen helburua.

Kabinara igotzen naiz; Gidariari agur egiten diot eta nahi duzun helbidea ematen diot. Atzeko eserlekuan eroso sentitzen naiz eta gero partida ematen da. Hasi da nire lehen lana herrian. Une batez, pentsamendu garrantzitsuek nire burua ikusten dute. Zer gertatuko litzateke? Prest al zegoen erronkarako? Non aurkituko zuen maisua? Galdera asko zeuden erantzunik gabe une hartan.

Hiria oso atsegina iruditu zitzaidan. Beragatik liluraturik, kale estuetan barrena ibili ginen, denborarik ez balego bezala. Bazirudien argiztapenaren bideak ez zuela denbora eta espazioa alde batera uzten. Bazirudien nire zalantzak beste edozer baino handiagoak zirela. Baina baita jakin-minak eta irabazteko borondateak ere bete egin ninduten, eta lan egiteko gizon bihurtu ninduten. Ez zekien noiz edo nola gertatuko zen hori.

Horrek guztiak hausnarketa handi batera narama, nire bizitza eta karrera barne hartzen ditu. Bizitza froga izpiritual handi bat bezala ikusi nuen. Gizakia gizarte-ingurunean landatuta, horiei aurre egiteko zailtasunak eta moduak sortzen dira, eta guri dagokigu horiek partekatzea. Bizitzan pasiboak bagara, ez dugu ezer lortuko. Gure proiektuetan aktiboak bagara, irabazteko edo porrot egiteko aukera izango dugu. Huts egiten badugu, egoera berrietan lortutako esperientzia aprobetxa dezakegu. Irabazten badugu, amets berri batera hel gaitezke, gure adimenak bete ahal izateko. Izan ere, gizakia hauxe da: Jainkoaren eta bere buruaren bilaketa etengabean bizi da.

Kale horietatik pasatzean, pobreziaren ondorioak eta herritarrek heredatutako aberastasuna ikusten ditut. Hori ez da jazarpen kosmikoa. Dena molda daiteke geure nahierara. Eta hori ez da berekoikeria kontua ere. Zure helburuak lortzeko modu bat da, dirurik gabe ezer ez delako eraikitzen lurrean. Dirua edukitzeak ez dizu erantzukizunik ematen zeure bilakaerarekin. Beti erabili behar dugu karitatea, benetako zoriona eta gauza guztien sortzailearekin topo egiteko.

Taxia iristen da azkenean. Hoteleko eskailerak igotzen ditut eta eroso sentitzen naiz lehen solairuko apartamentu batean. Maletak egiten ditut eta libre sentitzen naiz. Horren ondoren, apartamentutik irten eta bertako langile batekin hitz egiten dut. Horietako bat nire etxean interesatuta eta nire gidari izateko prest.

Dinesh

Asko gustatu zitzaizun. Zure jarrerak, zure ekintzak, zure izaera oso bereziak iruditzen zaizkit. Nola duzu izena eta nondik zatoz?

Jainkoarena

Nire izena Jainkozkoa da, Jainkoaren semea, itsua edo Aldivan Torres. Idazle brasildar handietako bat naiz.

Dinesh

O, hori zoragarria da. Brasilgo herria maite dut. Zutaz jakin-mina nuen. Zure historiari buruz pixka bat kontatuko al zenidake?

Jainkoarena

Jakina, pozik egongo nintzateke hori egiteaz. Baina istorio luzea da. Presta zaitez. Nire izena Aldivan Torres da eta Matematikako karrera osatzen du. Nire bi grina nagusiak literatura eta matematika dira. Beti izan naiz liburuen maitalea, eta umea nintzenetik, nireak idazten saiatu naiz. Bigarren hezkuntzako lehen urtean nengoela, , Jakituria eta Proberbioen liburuen laburpen batzuk bildu nituen. Oso pozik nengoen, nahiz eta testuak ez izan nireak. Mundu guztiari erakutsi nion, harrotasun ikaragarriz. Bigarren hezkuntza-eskola bukatu nuen, konputazio-ikastaro bat hartu eta ikasketak utzi nituen denbora batez. Gero, bere garaian Hezkuntza Teknologikoko Zentro Federaleko Elektrotekniako ikastaro tekniko batean sartu nintzen. Hala ere, konturatu nintzen ez zela nire eremua patuaren seinale bat egiteko. Prest zegoen area horretan pasagune bat egiteko. Hala ere, hartu behar nuen frogaren aurreko egunean, indar arraro batek errenditzeko eskatu zidan etengabe.

Zenbat eta denbora gehiago igaro, orduan eta handiagoa da indar horrek egiten duen presioa. Probarik ez egitea erabaki nuen arte. Presioa baretu egin zen, eta bihotzak ere bai. Patuaren seinalea izan zela uste dut, ez joatea. Gure mugak errespetatu behar ditugu. Lehiaketa batzuk egin nituen; Onartua izan nintzen eta gaur egun hezkuntza-laguntzaile administratiboaren rola betetzen dut. Duela hiru urte, patuaren beste seinale bat izan nuen. Arazo batzuk izan nituen eta azkenean nerbio-krisi batean sartu nintzen. Gero idazten hasi nintzen eta denbora gutxian hobetzen lagundu zidan. Guztiaren emaitza liburua izan zen: Medio baten ikuspegia, argitaratu ez nuena. Horrek guztiak erakutsi zidan gai zela idazteko eta lanbide duin bat izateko. Horren ondoren, beste lehiaketa bat egin nuen, lanean arazoak izan nituen, telesailean abentura berriak bizi izan nituen eta maitasun eta dezepzio profesional handia izan nuen. Horrek guztiak hazi ninduen gaur naizen gizona izateko.

Dinesh

Interesgarria. Ibilbide zoragarria da niretzat. Sinpleagoa naiz. Fraide baten semea naiz, eta nire erlijioaren sekretuak ikasi nituen berarekin. Kulturari buruz ere gehiago ikertu nuen eta gizaki gisa hazi nintzen. Nire entitateek norbait berezitzat hartu zaituzte. Benetan nahiago nuke zu hobeto ezagutu.

Jainkoarena

Beno, hori da dena. Zu ere ezagutu nahi zaitut. Egin dezagun truke kultural hau. Bere herrialdeari eta kulturari buruz gehiago jakin nahi dut. Elkarrekin haziko gara eboluziorantz.

Dinesh

Orduan jarraitu.

Adituaren deiari erantzun nion. Taxi bat hartu eta hiriko kaleetatik ibiltzen hasi ginen. Egia esan, ikusten ari zen guztiaz gozatzen ari nintzen. Dena hain zen berria eta hain interesgarria. Horrek dena zehatz-mehatz ikustera bultzatu ninduen, nire hurrengo lana idazteko.

Zirkuluetan ibiliz, eta gero zuzen, autoaren leihatilatik begiratzen dut, kaleetan mugimendu guztiari begira. Zoriontsu, sorgindurik eta ideiaz beterik sentitu nintzen. Bizitzaren lilura onak sortzeko inspiratuta sentitu nintzen, nirekin zeuden guztientzat. Bizitzaren eta patuaren liburuan dena idatzita zegoen. sinestea aski zen. Ibiltzen garen bitartean, elkarrizketa bat hasten dut.

Jainkoarena

Nola definituko zenuke Jabalpur hiria?

Dinesh

Jabalpur Madhya Pradesh barrutiko hirugarren hiri populatuena da eta herrialdeko hiri-aglomeraziorik handiena. Hiri garrantzitsua gara merkataritza-, industria- eta turismo-testuinguruan. Ikastetxe garrantzitsua ere bagara.

Jainkoarena

Zein da Jabalpur izenaren jatorria?

Dinesh

Batzuek diote Narmada ibaiaren ertzean gogoeta egin zuen jakintsu batengatik izan zela. Beste batzuek diote granitozko harriak edo eskualdean ohikoak diren harri handiak izan zirela.

Jainkoarena

Zoragarria. Bereziki ona. Gozatu egin nuen leku honi buruz apur bat gehiago ezagutuz.

Kotxeak zulo bat ematen du eta sentsazio lasaienak. Dena mugitzen zen kultura eta tradizioen topaketa baterantz. Une horretan, funtsezkoa zen lor zitezkeen ezagutza eta jakituria lehenestea. Saioaren ondoren, barne-izatearen askapena bere baitan har lezake, hain energia indartsua, non argiztapena loraraziko baitiguke. Ezer ez zen inola ere konkistatzea, fedeak mirari handiak sor baitzitzakeen.

Ibilgailua alde batetik bestera mugitzen da, eta geure pentsamenduetan sakabanatuta gaude. Aditua bere burua zalantzan jartzeko eta ikasteko estrategia bat diseinatzeko prestatzen ari zen bitartean, nire bizitzako istorio zaharretan joan nintzen. Aurreko sortze-prozesu guztiak indartu egin ninduen eta munduak eta kontzeptuak sortzera inspiratu ninduen. Unibertsoaren nukleoan bertan murgiltzea beharrezkoa zen, energia-erakundeekin indartzea, norberaren kontrola esploratzea erronka handia zen.

Horrela iritsi ginen entrenamendu zentrora.

Tenplu erlijiosoa

Tenpluaren aurreko aparkalekua. Jaitsi, gidariari ordaindu eta harengana abiatu ginen.

Dinesh

Leku sakratu batean gaude. Hemen ikasi nuen benetako fraide izaten. Hemen energia-fluido onekin egiten dugu lan. Kontzentrazioa behar da gure energia distiraraazteko. Hitzik egokiena ikastea da.

Jainkoarena

Eskerrik asko gonbidatzeagatik. Energia trukatzeko gaude hemen. Ziur nago esperientzia izugarria izango dela.

Dinesh

Erabat. Ohorea nirea izango da.

Lehen santutegia

Eraikin handian sartzen dira, gauzak gela batean gordetzen dituzte eta gero entrenamendu espiritualera joaten dira. Orain, maisu espiritual gisa hazi eta sendotzeko une erreala zen. Haren haragizko iraulketa-iturriek gauza beldurgarriak madarikatzen zituzten bere gogoan, barne-botere bat esnatuko balute bezala.

Maisuaren seinaleari eskutik heldu eta beren bizi-energia kontzentratzen saiatzen dira. Erritualak kontziente egiten ditu, eta, aldi berean, buru ikaragarri ireki batekin.

Dinesh

Askok ez dakite zein destino aukeratu edo zein norabide hartu. Artzain baten bila ari diren ardiak dira. Beste batzuek ez dakite zein ideologia politiko, politiko, sexualitate edo erlijio predestinatuta dauden.

Atxilotu, pentsatu eta hausnartu. Saia zaitez zure intuizioaren ahotsa entzuten. Saia zaitez Jainkoaren energiaren indarrekin konektatzen. Energia horiekin konektatzen garenean, geure erabakiak hartzeko gai gara. Hori zure sinesmena alde batera utzita da. Aukera oro baliozkoa da, baldin eta hurrengoari kalte egiten ez bazion. Munduan, bi aukera ditugu: iluntasunaren bidetik aukeratzea eta beste aukera ontasunaren bidetik egitea. Hori ere gure jarreretan eta gure erreflexuetan islatzen da. Ezin dugu hobeto hitz egin. Guztiak dira ikasteko bideak eta ez dira behin betikoak.

Jainkoarena

Hartu nahi dudan ikaskuntza-bide hau da. Izugarri gustatzen zait sentsazio desberdin eta autonomoak esperimentatzeko modu hau. Ezagutza da gorrotoaren eta indarkeriaren aurkako gure arma handia. Ausardiaz borrokatu behar dugu gure idealen alde. Elkarri zoriontsu egin behar diogu, eta zoriontsu izaten utzi. Denok merezi dugu zoriona betiko ikastunaren bide honetan. Nola lor dezaket askapen izpiritual hori?

Dinesh

Gauza serioei uko egin behar diegu. Erabaki zuzena hartu behar dugu. Ona aukeratu behar dugu, gay taldearen alde egon, beltzen, emakumeen eta pobreen ondoan egon. Baztertuen ondoan egon behar dugu, eta ogi bera partekatu. Hori Egin behar dugu Jainkoaren alde, geure kabuz, jaiotzaren mirariaren alde, existentziaren aintzaren alde, gure oinaze sentimental eta fisikoa gutxitzeko, indar gehiago izateko zure helburuen alde borrokatzeko eta zure historia modu duinean idazteko. Gaizki orori uko egiten diogunean, gizon jakintsua deitzen diegu.

Jainkoarena

Hori guztia egiten dut. Jazarri eta diskriminatuen alde nago. Adorea dut arrotz gisa identifikatzeko. Egunero sentitzen ditut aurreiritzien eta intolerantziaren sufrimenduak. Ni Jainko bat banintz, pobreen eta baztertuen Jainkoa izango nintzateke.

Dinesh

Hori zoragarria da, aldivan. Zurekin identifikatzen naiz. Gure bizitzetan adorea, identifikazioa eta determinazioa behar ditugu. Gure goimailako sena jariatu eta mirakuluak egin behar ditugu. Ekimenak hartu behar ditugu eta besteen alde askoz gehiago egin. Sentitzen dut ikasi izana. Goazen hurrengo santutegira.

Biak eskutik doaz, energia behar bezala isur dadin eta bigarren eszenatokira mugi dadin.

Bigarren agertokian

Bi lagunak bigarren agertokian daude jada. Adituak erritualerako giro guztia antolatzen du: katilu bat, pastel bat eta mahai bat erdian. Edari bat erabiliz dute likorea edan eta pastela jateko. Honetan, ahots arraroak entzun daitezke urdailetan. Flatulentzietan esplotatuz, kea sortzen dute nonahi.

Dinesh

Mundua, bere gaurkoan, aurreiritziz eta diskriminazioz beteta. Alde batetik, elite zuria, aberatsa, ederra, politikoa, eta bestetik, pobreak, itsusiak, usaintsuak eta emakumea. Arauz betetako mundua elitearen desiren arabera egiten da. Berak bakarrik ditu bere burua garaiago, maitatu eta miretsi sentitzeko onurak. Diskriminatuak, berriz, jazarri egiten dituzte eta ia ezin dute arnasarik hartu edo bakean bizi. Munduak egitura-aldaketa asko behar ditu. Guztiontzako politika justua behar dugu, enplegu-sorkuntza gehiago behar dugu, karitate eta adeitasun gehiago behar dugu, azken finean, gizarte berri bat behar dugu, non guztiak benetan berdinak diren aukera, eskubide eta betebeharretan.

Jainkoarena

Nire azalean sentitu nuen, adiskidea. Nekazarien semea, gazte-gaztetatik ikasi nuen neure helburuen alde borrokatzen. Bide horretan, ez nuen inoren laguntzarik jaso, amaren laguntza izan ezik. Ausardiaz borrokatu behar izan nuen nire ametsen alde. Gogor lan egiten dugunean, Jainkoak bedeinkatzen gaitu. Horrela lortu nituen pixkanaka nire helburuak, inori min eman gabe. Lortutako garaipen bakoitzarekin, sentsazio oso onak izan nituen. Unibertsoa nire ontasun guztia itzultzen ari balitz bezala da. Honetan, honako hau kontsidera dezakegu: zein landare, uzta!

Dinesh

Okerrena, ene adiskidea, aurreiritzi hau gorroto, bortxa eta heriotza bihurtzen denean da. Gutxiengoak hiltzen espezializatuta dauden talde batzuk daude, eta hori oso tristea da.

Jainkoarena

Ulertu. Badirudi munduko jendeak ez duela pandemiatik ikasi. Elkar maitatu beharrean, hiltzen, maitatzen eta engainatzen ari dira. Pertsona gehienek oinarrizko bizikidetza-balioak galdu dituzte. Nola errekuperatu Jainkoaren aurrean?

Dinesh

Zentzu honetan, ohar gaitezke munduko gauzen ondorioz, aintza edo gizarte-estatusaren ondorioz, bizitzako ziklo naturalen ondorioz, eboluzio-zikloen ondorioz eta azken askapenaren ondorioz, asko bekatutan galdu zirela. Hori dela eta, gizakiak ez du inoiz erabat eboluzionatzea eragiten.

Jainkoarena

Gauza hauek guztiak iragankorrak dira. Jakituria, ezagutza, kultura, ontasuna eta karitatea landu behar ditugu, besteak beste. Orduan bakarrik izango genituzke aurrerapen zehatzak argiztapenaren bidean.

Dinesh

Baina hau hautamen askearen ondorio bat da. Aske banaiz, ongiaren edo gaizkiaren artean aukera dezaket. Iluntasuna nahiago badut, ondorioak ere pairatzen ditut. Amodioan ikasten ez duzunean, oinazetik ikasten duzu, nik uste.

Jainkoarena

Aukerarik zuhurrena maitasunean ikastea litzateke. Horretarako, ez ginateke hain zorrotzak izan beharko, eta gehiago jokatu. Horretarako, ametsak baztertu beharko genituzke eta beste batzuk leku berean jarri. Gurekin gaizki dagoena aldatu beharko genuke, urrundu eta guretzat ona denaren ondoan. Maitasunez egiten den guztiak are energia positibo gehiago sortzen ditu.

Dinesh

Baina, egia esan, jende txarra suntsitu mundua. Besteei bakerik ematen ez dieten infernuko izakiak. Ez dut ulertzen nola norbaitek kalte egin diezaiokeen auzokoari. Kontzientzia astunaren zamak, lotan, edozeinen bakea suntsitzen du. Hori da infernua lurrean bizitzea.

Jainkoarena

Horregatik erakutsi behar ditugu gure adibide humanitarioak. Proiektu onak ditugunez, beste gizaki batzuk bide beretik jarraitzera aktua ditzakegu. Uste dut karitateak partekatua izan behar duela, pertsona gehiago laguntzera inspiratuta egon daitezen.

Dinesh

Jendeak nekez lagunduko du. Berekoikeria nagusitzen da munduan. Baina sentsibilizatuta daudenentzat, zerua hurbilago.

Kea baxua da. Eszena suntsitu eta estasi psikotikotik irteten dira. Hausnarketa handia izan zen. Orain hurrengo agertokira pasatuko ziren eta esperientzia berriak biziko lituzkete.

Hirugarren agertokian

Pauso batzuk aurrera doaz eta eszenatoki berrian daude jada. Txabola moduko bat ezarri eta meditazio-egoera batean esertzen dira. Orduan elkarrizketak aurrera jarraitzen du.

Dinesh

Ongiaren bidean dabilenari, gizateriaren mesederako lan guztia egiten duenari, inoiz akats larririk egin ez duenari, sari-saritzat deitzen diote. Arima gutxi eboluzio-maila honetan. Zein da zure sekretua? Uste dut indar handiago batera konektatu behar dela. Ongiaren entitateek gidatuta, hobeto uler dezakete beren patua lurrean eta fruitua eman.

Jainkoarena

Hauekin kontraesanean, fruiturik ez duten pertsonak dira bizitzako zailtasunen aurrean beldurtzen direnak. Nahiago dute forma nekerik gabe, suntsitu, batu beharrean. Beraz, infernu izpiritualetan sufritzen dute. Zer falta zitzaien?

Dinesh

Haientzat fedea falta zen. Zailtasunen aurrean, nahiago izan zuten zalantza egin, beste jarrera bat hartu beharrean. Sentitzen dut haiengatik. Baina landatu dutena jasoko dute.

Jainkoarena

Nola konkistatu dezakegu mundua?

Dinesh

Fedean iraun eta zure helburuen alde borrokatzea. Ongiaren bidea zabaltzean, mundua nolakoa den ikusteko eta erabakirik onenak hartzeko aukera izango dute. Egin behar duzun gauza bakarra zure baitan sinestea da.

Jainkoarena

Zein da arrakastaren sekretua?

Dinesh

Benetakoa izatea. Gizakiak ez dio inoiz uko egin behar bere jatorria aitortzeari. Zorionaren urratsak oztopatzen joan behar duzu, gogor lan egin behar duzu gero uztartzeko. Gogoan izan beti Jainkoaren denbora gurea ez bezalakoa dela.

Jainkoarena

Zer iruditzen zaizu jendea itxurak egiten?

Dinesh

Hori giza akats handia da. Askok hori egiten dute beren burua babesteko, euren bizitzan asko sufritu dutelako. Jarrera hori gizarte-ingurunearen ondorio izan zen. Horrek gizarte-esperientzia garrantzitsuak kentzen dizkizu.

Jainkoarena

Zein dira horren ondorioak?

Dinesh

Beren bizitzak suntsitzen dituzte, benetan nortzuk diren ez onartzeagatik. Nor garen onartzen dugunean, badugu zorion moduko bat.

Mundua gure arauen kontrakoa bada ere, maila indibidualean zoriontsu izan gaitezke. Ez ezer txarrik zure arauak edukitzean.

Jainkoarena

Horregatik dugu esaera: Nire bizitza, nire arauak. Ez dugu onartu behar gizarteak gure askatasun indibidualean esku hartzea. Adierazpen- eta egitate-askatasuna izan behar dugu, baldin eta gure hurkoari kalte egiten ez dionean.

Saioa amaitu da. Erritualak desegin egiten du eta osatuagoa sentitzen dira. Aurrerapen nabarmenak zeuden, baina aurrera egin nahi zuten. Helburua ideiak partekatzea zen.

Laugarren agertokian

Sua pizten da. Biek argi-zirkulu bat egiten dute suaren inguruan eta dantzan hasten dira. Bien energia metatua lehertzen da eta trantze-egoeran sartzen dira.

Dinesh

Sua funtsezko elementua da gure bizitzetan. Arima, gorputza eta magia naturala osatzen duen elementua da. Horren bidez, egoerak eta destinoak manipula ditzakegu. Suak gerlariak garbitu eta garbitu egiten ditu.

Jainkoarena

Baina min ematen eta suntsitzen duen zerbait ere bada. Kontuz ibili behar dugu manipulazioan, kalterik egin ez diezaiogun. Suaren boterearekin bat egin behar dugu egoera onuragarriak eraikitzeko. Beraz, gauza bera egin behar dugu bizitzako frogetan. Gutxiago borrokatu behar dugu eta gehiago batu. Barkatu eta aurrera egin behar dugu. Gauza onak gainditu eta xurgatu behar ditugu. Guztiak merezi du arima gutxitzen ez denean.

Dinesh

Suaren boterea bideratu behar dugu. Horretarako, arrisku-egoera bakoitzean bere ekintza mentalizatu behar dugu. Gure borondate onaren aliatu, gure barne-dohaina askatu eta gure patua eraldatu dezakegu. Gure bizitzako egoera bakoitzean jardun dezakegu eta jardun behar dugu, geure historiaren protagonista izan behar dugu.

Jainkoarena

Egia. Kanalizazio honek nor garen eta zer nahi dugun erakutsiko digu. Nahi duguna zehatz-mehatz jakinda, estrategia sinesgarri eta iraunkorrak egin ditzakegu. Planifikazio ona dagoenean, porrot egiteko aukerak nabarmen murrizten dira.

Dinesh

Gainera, suaren boterea kontrolatzen dutenek ezjakintasuna saihesten dute. Izan ere, sutan aditua dena, bere buruaren kontrola duena, bere helburuetan langilea da, bere eginbeharrak eta betebeharrak betetzen ari da. Akatsak mesprezatzeko eta bere nolakotasunak goraipatzeko moduan eboluzionatzen duenari tormentua deitzen zaio.

Jainkoarena

Ezjakintasun hori arazo handia da. Askok bertatik eramaten uzten dute eta etxeak eta egoerak suntsitzen dituzte. Desberdintasunak gainditu behar ditugu, gure errutina antolatu, gure garaipen-estrategia esperimentatu eta gure landaketaren fruituak biltzeko moduan. Fruitua ona bada, hori atsegina da Jainkoarentzat.

Dinesh

Horrek bizitzaren zentzura garamatza. Bizitza lorpenera daraman egoeren naba bat da. Gure estrategia guztia antolatu behar dugu, beste izaki bizidun batzuekin loturak egin ahal izateko, gure jakituria, kontzientzia, fedea, gure bizi-askatasuna eta-energia garatzeko. Munduan egon behar dugu ondo eta gero eta gehiago bizitzeko.

Jainkoarena

Hortik dator gure hautamen askearen ekintza. Etorkizun onuragarria izan dezakegu, baina ez gaude beti horretarako prest. Horrek esan nahi du entregatzea, gogoeta, harmonia, bibrazio mentala, jarrera eta argudioa. Gure goi-mailako zentzua esnatu behar da, eta, horrela, harremanak aldatu. Lehenik eta behin, indartsua izan behar da.

Isiltasun lotsagarri bat bien artean zintzilik, eta errituala desegiten da. Egia handiak argitara ateratzen ari dira esperientzia labur eta garrantzitsu hauetan. Bizi baino gehiago, esperimentatu eta eboluzionatu egin behar da. Horretarako, lekua utzi eta hurrengo agertokira pasatzen dira.

Bosgarren agertokian

Bosgarren eszenatokiaren ingurua ordenatzen dute. Santuen estatu-atxoak, ondo diseinatutako gortinak eta loretsuak, perfume arrarodun intsentsua eta daga sakratua jartzen dituzte. Dagarekin, arriskua egiten dute lurrean eta kea gora egiten ari da. estasi espiritualean sartzen dira.

Dinesh

Zer diozu aberastasunari? Diru-bilaketa oso iheskorra aurkitzen dut. Pertsonek besteak suntsitzen dituzte, izaera txarra erabiltzen dute besteei kalte egiteko, ekintza gaiztoak ez dira helburuen arabera justifikatzen. Diruaren garrantziaren kate hau hautsi behar dugu, benetan garrantzitsua dena baloratu behar dugu: karitatea, errespetua, maitasuna, adiskidetasuna, beste gauza garrantzitsu batzuen arteko tolerantzia.

Jainkoarena

Dirua garrantzitsua da, baina ez da dena. Dirua izan dezakegu eta karitate lanak izan ditzakegu. Pertsona bat definitzen duena ez da bere erosteko ahalmena. Pertsonak beren jarrera eta obren arabera definitzen dira. Hori da betiko ondarea izaten jarraitzen duena.

Dinesh

Munduko zaporeak esperimentatzeko, dirua behar dugu. Ia edotariko, laguntza material hau behar dugu. Horrek azaltzen du, beraz, diru-bilaketa zoro hau. Baina hori ez litzateke garrantzitsua izan behar. Bizitzaren ikuspegi berri bat behar dugu.

Jainkoarena

Dirua irabazteak ez du esan nahi desonesti aterik. Pertsona benetan arrakastatsuak daude. Horrek ez luke parametro bat izan behar gure judizioetarako. Baina bizitzako beharrezko gauzetan kokatu eta elkar utzi behar dugu. Beti behar izaten dugu eraginkorrak besteen bizitzan. Gauza lizunak alde batera uzteko beharra dugu zoriontsu izateko.

Dinesh

Dohaintzaren gaiari dagokionez, dohaintza egitea jasotzea baino garrantzitsuagoa dela dio. Dohaintzak gure gogoaren bilakaerarako beharrezkoak diren sentsazioak sortzen ditu gure gogamenean. Eta dohaintza jasotzen duenak bere premiak asetzen ditu. Sentsazio bikoitza da.

Jainkoarena

Arazo bakarra eskale faltsuak dira. Horietako asko erretiratuta daude eta limosna eskatzen jarraitzen dute. Horietako askoren txostenak ikusi ditut, limosnekin gehiago irabazten dutelako lan egin nahi ez dutela esaten dutenak. Horri iruzurrezko merkataritza edo iruzurra deitzen zaio.

Dinesh

Hori asko gertatzen da. Kontu handiz ibili behar dugu horrekin. Ardi-larrua duten otsoak daude. Kontuz ibili behar dugu engainatuak ez izateko.

Jainkoarena

Dohaintza zintzoak jasotzen dituztenak ez dabetena geratu. Elikagaiak edo objektuak edukieraren arabera gozatzea. Gehiegi ordaintzen bazaie, hori ere egiten dute. Munduak elkartasun batasun hau behar du.

Dinesh

Jainkoak bedeinka gaitzala beti. Jainkoak aberastasunean edo pobrezian iraun gaitzala, jainkoak gorde gaitzala bizitzaren ekaitzetan, Jainkoak gaitzak eta izurri kutsakorrak debekatzen ditu. Hala ere, Jainkoak gaitz oro debekatzen du.

Jainkoarena

Nola gozatu behar dugu bizitzako atseginez?

Dinesh

Bizitzaren atseginez gozatu behar dugu, bere adierazpen gorenean. Ezin dugu ezer baztertu, ez dakigulako goiza. Bizitzako atseginez baliatzen ez direnak benetan damutzen dira. Existentziaren misterioak ere ikertu behar ditugu. Gure dohain izpiritualak erabili eta fruitua eman behar dugu. Orduan bakarrik izango dugu bizitza osoa.

Jainkoarena

Bai, ziklo budistak hori ematen digu. Bibrazio baxuekin elkartzen gaituzten korronte ikusezinetatik libratzen gaitu. Gure bizi-zikloa nola kontrolatu jakinda, aurrerapen espiritual harrigarriak egin ditzakegu.

Dinesh

Egia da ziklo alternatiboak direla. Plazeraz gozatzean eta mundu-gauzei uko egitean, ziklo hau landu dezakegu. Horrek, fedearekin batera, ustekabeko egoerak sortzen dituen gauza-koskor bat sortzen du. Hori jakintsuen pentsamendu ona da.

Trantzetik irten, set-etik jaitsi eta hurrengo sailera joaten dira. Formazioa gero eta gehiago hazten ari zen.

Seigarren agertokian

Zeremonia erritual bat garagardo batekin, pintura errenazentista batekin eta barruko arropa zikin batekin prestatzen da. Argi bat piztuz inguruan, intsentsu azkar bat egiten dute trantzean sartu ahal izateko. Bere gogamenean, iragana, iragana eta etorkizuna hegazti azkar gisa ikusten dituzte. Bien bitartean, elkarren artean hitz egiten dute.

Dinesh

Munduan, bizia eta bizigabea. Baina horiek guztiak osagai garrantz-itsuak dira unibertsoaren eraketan. Bakoitza bere funtzioarekin, histo-riaren eragileak gara denboran zehar. Istorio hau gutariko bakoitzak idatzi du une honetan. Istorio tristea edo istorio ederra izan daiteke. Garrantzitsuena gutariko bakoitzak unibertsoari egiten dion ekarpen aktiboa da.

Jainkoarena

Haren parte sentitzen naiz modu bakar batean. Jainkoaren se-mea deitua, entitateek, unibertsoko sekreturik ilunenak ulertu ahal izan nituen. Esperientzia frustra garri eta mingarrien bidez, espiri-tualki eboluzionatu eta jakiturian aditu bihurtu ahal izan nintzen. Neure ahaleginaren bidez hazi nintzen. Nire talentua landu dut, Bibliak gomendatzen duen bezala. Ez nintzen mundutik ezkutatu. Neure nortasuna neure gain hartu eta kontrako indarrei kontra egin nien. Gizarteak diskriminatutakoei babesa emateagatik infernura kondenatzen nauten pertsonak dira , ordezkaritza-itxaropenen bat behar duen herri abandonatua. Baztertuen ahotsa naiz. Ni haren Jainkoa naiz. Gizartean eginkizun horretaz jabetzea funtsezkoa da idazle gisa egin dudan ibilbiderako. Horretaz konturatzean, denak zentzu handiagoa zuen niretzat. Ez gaude bakarrik munduan. Indartsuak gara eta gure lekua munduan izan dezakegu, fanatismo erlijiosoak kondenatzen bagaitu ere.

Dinesh

Esan duzun bezala da, ez gaude bakarrik. Elkarrekin, etsaien aurka erreakzionatzeko indarra izan dezakegu. Ez dugu gerra inongo egoeratan nahi. Elkarrizketa eta onarpena nahi ditugu. Gure eskubideak errespetatzea nahi dugu, horretarako eskubidea dugulako. Hilketa eta zenbata gehiagorik ez. Bakea behar dugu birusak oinazetutako mundu honetan. Eta ba al dakizu zergatik sartu zen birusa munduan? Giza bekatua dela eta. Denok bekatuan gaude. Erlijio baten jarraitzailea izateak ez du esan nahi bekaturik ez duzunik. Beraz, ez duzu inoiz hurrengoa epaituko. Begira lehenik bere failak, eta ikus ezazu zein akastuna den.

Jainkoarena

Honekin budismoaren ziklora iritsi ginen. Zure bilakaera zure bihotzean tolerantzia eta maitasuna dagoenean bakarrik gertatuko da. Besteen zapatetan jarri behar dugu geurea, barkatu eta ez epaitu. Erlijiofanatismoa geldiarazi behar dugu. Jainkoari jarraitu behar diogu, ez erlijioei. Bi gauza guztiz ezberdinak dira.

Dinesh

Egia. Askok gaitza egiten duten erlijioen argudio gisa erabiltzen ari dira. Askok salbazioa galtzen duten diruaren izenean. Gerra ikusezinak dira, bakoitzak bere baitan libratzen dituenak.

Jainkoarena

Horregatik, beti izan behar ditugu balio etiko onak bizitzako instantzia guztietan. Ez dugu animaliarik hil behar kirol edo erritual erlijiosoengatik. Bizitza asko zaindu behar dugu.

Dinesh

Hauek bekatu-praktikak dira. Gizakiak unibertsoko jaun gisa jokatzen du, baina, egia esan, existentzian puntu txiki bat da. Guretzat erraldoia den gure planeta bera ere puntu txiki bat da unibertsoan. Orduan, ez gaitezen hain harroak eta sinpleagoak izan.

Erritualak bukatu du. Bakoitzak bere ondasun pertsonalak jasotzen ditu eta atseden hartuko du. Lehen lo-gaua izango zen hain egun latz batean. Hala ere, oraindik bidaia luzea zegoen egiteko.

Zazpigarren agertokian

Egunsentia. Taldetxoa jaiki, hortzak eskuilatu, bainatu eta gosaltzen da. Horren ondoren, prest daude ikaskuntza espiritualari berriro ekiteko. Bide ederra zen, topaketa eta aurkikuntzez egina. Zintzotasun, dedikazio eta alaitasun bide bat.

Hori izan zen ameslari txikiaren abentura handia, beti bere baitan sinetsi zuen norbait. Bizitzak ezarritako zailtasun handien aurrean ere, ez zuen inoiz pentsatu bere artea uztea. Beti amets egin zuen bere literatur aitorpenarekin, eta egunero hurbiltzen zen. Lortutako eskerrik askogatik zoriontsu zegoen, besterik gabe.

Bikotea zazpigarren agertokian bildu zen. Trantzean sartzeko mentalizatu egiten dira, eta egiten dutenean, totelka hasten dira.

Dinesh

Gure gida nagusia ezagutza da. Horren laguntzaz, gure gauzak konkistatu eta askatasun handiagoa izan dezakegu. Ezagutzak gure bizitzak eraldatzen ditu eta gure bizitzan zehar laguntzen digu. Gure lana gal dezakegu, gure maitasun erromantiko handia gal dezakegu, gure dirua gal dezakegu. Hala ere, gure ezagutzak garaipenera eta errekon zimendura garamatza.

Jainkoarena

Horregatik nago abentura-bide honetan. Bide atsegina da, hainbat gauza ikastera narama. Sentitzen dut une oro hazten ari naizenik gainditutako oztopo bakoitzarekin. Gaur benetan gizon zoriontsu eta egina naiz.

Dinesh

Hori da jarraitu behar dugun bilakaeraren benetako bidea. Bilakaera gorena lortzeko, gure adimenek duten sentimendu negatibo bakoitza alde batera bota behar dugu. Besteei laguntzeko konpromisoa hartu behar dugu, ordainsariaren zain egon gabe. Eguneroko ekintza bat egiten ari gara, unibertsoaren botere handienarekin lotu dezakeguna. Horrela, gure bizitzak zentzu handiagoa izango du eta oso-osorik itzuliko dira.

Jainkoarena

Egia. Gizakia suntsitzen duena asmoa da. Ez zaren hori izan nahi izatea da, gizartean paper ona jokatzea. Pertsona horiek eguneroko izaera bizi dute, baina ez dira zoriontsuak. Gure benetakotasuna bizi ez dugunean, geure buruaren zati bat galtzen dugu.

Dinesh

Baina askok ez dute ikusten. Nahiago dute amodiozko istorioa hau bizi eta onarpen-zentzu hori izan. Ulertzen dut haren ikuspuntua. Gizarte hipokrita eta homofobiok batean bizi gara. Aurreiritziengatik hiltzen duen gizarte batean bizi gara. Orduan, zergatik arriskatu behar nuke neure bizitza? Ez al litzateke hobea izango bizitza bikoitza bizi eta zoriontsua balitz? Egia esan, ez diet pertsona horiei barkatzen.

Jainkoarena

Hori da militantzia erlijiosoaren fruitua. Sekta hauek betetzen ez dituzten arauetan jartzen gaituzte. Horrek suntsitzen du gure zoriona. Baina paradigma hori hautsi nuen. Aske izatea eta neure arauak egitea aukeratu nuen. Orduan, erabat zoriontsu sentitzen naiz.

Biak hunkituta daude. Sufrimendu eta alienazio erlijiosoko hamarkadak izan ziren. Bakoitzak bere istorioa zeukan han. Ezer ez zen erraza izan. Pixkanaka bakarrik aurkitu zuten bizitzeko benetako plazera. Lorpen zoragarria izan zen.

Handik pixka batera, erritualak bukatu eta hurrengo agertokira joaten dira. Asko zegoen probatzeko.

Zortzigarren agertokian

Agertoki berrian, erabat erlaxatuta daude. Esperientzia berriek gazteturik, unibertsoa eta beren burua pixka bat gehiago ulertzen saiatu ziren. Ezagutza-prozesu hori funtsezkoa izan zen estrategia berriak egiteko.

Erritual berri bat hasten da. Karratu magikoa egiten dute eta erdian jartzen dira.

Dinesh

Gure ahaleginen eta gure lanaren gaiaz. Azpimarratu ahal izateko, gure lanaren kalitatea lehenetsi behar dugu. Ondo egindako lan batek konplimenduak hasten ditu. Zintzotasuna, duintasuna, karitatea eta tolerantzia bezalako balioak dituen obra bat oso goraipatua da. Beraz, desberdintasun hori egin behar dugu munduan.

Jainkoarena

Ikus dezagun nire adibidea. Langile gaztea naiz, nire alde artistikoa daukat, Karitatezkoa naiz, familiari babesa ematen diot, nire ametsen alde borrokatzen naiz. Baina, bestalde, beste pertsona batzuk berekoikeriak dira, zirtoinak, eta ez dute elkarren artean laguntzen. Horregatik munduak ez du eboluzionatzen. Ekintza gehiago eta promesa gutxiago behar ditugu.

Dinesh

Zu adibide bat zara. Zure erantzukizun guztiekin ere, ez diozu inoiz zure ametsei uko egin. Oso pertsona gizatiarra zara, besteentzat eredu izan behar duena. Hori egin beharko genuke. Gauza materialetatik asaskatzeko, gauza bakunetan poz gehiago izateko, gutxiago eskatzeko eta gehiago jarduteko. Zure historian aditua izatea funtsezkoa da zure nortasuna eraikitzeko.

Jainkoarena

Hori materialista gutxiago eta praktikoagoa izatera mugatzen da. Bizitzaren aurrean jarrera ezberdina izan behar dugu. Balioesten du benetan axola duena.

Dinesh

Baina gero hautamen askearen kontua dator. Pertsonak ez dira robotak. Beraientzat onena den bidea aukeratzeko eskubidea dute. Ezin dugu inorentzako araurik egin. Orduan, uste dut munduak bere gaitzekin jarraituko duela. Errazagoa da gaizkia aukeratzea ongia baino.

Jainkoarena

Erabat. Gure zeregina gidatzea besterik ez da. Inor ez ezer egitera behartuta. Askatasun horrek nirvanara garamatza. Askatasun hori gure marka propioa da. Beti estimatu behar dugu hori.

Dinesh

Egia. Bizitzan eraiki behar ditugu une horiek. Beste pertsona batzuekin konektatu behar dugu, esperientziak partekatu, gauza berriak xurgatu eta gure bizitzetan ezer batzen ez duten gauza zaharrak baztertu. Hori da bizitzaren birsorkuntzaren printzipioa.

Jainkoarena

Birsorkuntza honekin, hegaldi garaiagoak egiteko gai gara. Geure buruari barkatu, aurrera jarraitu eta egoera berriak eraiki besterik ez dugu egin. Iritzia alda dezakegu eta besteak beste ikuspegi batetik ikus ditzakegu. Gizateriaren gan fede handiagoa izan dezakegu garai zail hauetan. Zoriontsu izaten saia gaitezke berriro.

Elkarrizketa eten egiten da. Harridura pixka bat airean. Bere buruek txori desakralizatuak bezala jiratzen dute. Sentimendu, sentsazio, alaitasun, gaztetze, aintza, harmonia, plazer eta bakardade ugari daude. Adi egon behar zen bizitzak ematen dizkigun seinaleei. Zure trebetasunetan sinetsi behar zenuen, mundua eraldatzeko itxaropenarekin. Espero baino askoz gehiago hartu zuen. Eta horrela, erritualak lana amaitzea erabakitzen du. Bazekiten une egokia errenditzeko.

Baserritar aberatsa eta gazte apala

agurra

Mendiko herria, 1953ko urtarrilaren 2a

Rose hamazortzi urte inguruko neska apala zen. Eskualdeko neskarik ederrena eta desiratuena zen. Pedro konprometituta zegoen, zure maitasun handiarekin. Familiaren finantza-egoera bakarrik ez zen ona. Lehorte handiko garaia izan zen, eta denek sufritu zuten gobernuaren inbertsiorik gabe. Milioika biziraupenaren alde borrokatu ziren eta elik-agairik eta urik gabe.

Orduan, neska-lagunaren familiarekin bilera bat izan zen arazo ze-hatzak jorratzeko. Rose, Onofre (Roseren aita), Magdalena (Roseren ama) eta Peter (Roseren senargaia) bileran izan ziren.

Onofre

Zergatik antolatu zuten bilera hau? Zerbait prestatzen ari al zara?

Pedro

Erabaki baten berri eman nahi dut. Sao Paulo lan bat lortu nuen eta aldatu egin beharko dut. Itzultzen naizenean, ezkontza antolatuko dut.

Onofre

ADOS. Beti ere, nire alaba errespetatzen duzunean. Badakigu dis-tantzia bikote baten bizitzaren bidean jartzen dela.

Pedro

Ulertu. Niri dagokidanez, tratuari jarraituko diot. Ezkontzeko dirua lortzeko lan egingo dut. Ez al da bikaina, ene maitea?

Rose

Bikaina izango da. Hori behar dugu. Alde txarra da asko harrituko zaitudala. Asko maite zaitut maitea. Gure sentimendua egiazkoa da. Ezin dugu hau galdu, ados?

Pedro

Hitz ematen dizut ez zaitut ahaztuko. Gutun bidezko korrespon-dentzia, ados?

Rose

Irrikaz espero dut.

Magdalena

Zorte osoa biei. Baina, funtzionatuko al du?

Pedro

Nitaz fidatzen naiz horretaz. Ahalik eta lasterren itzultzen saiatuko naiz. Bakean eta Jainkoarekin daude.

Besarkatzen dute. Bidaiaren aurreko azken kontaktu fisikoa izan zen. Gogoeta ugari gizon gerlari horren gogamenetan zehar. Ziurgabetasun giroan baretzen saiatzen da. Baina erabat deliberatuta zegoen aldatzeko eta zortea probatzeko. Agur esan ondoren, haurrak autobusa hartuko du. Bere patua egoera ekonomiko hobea zuen herrialdearen hego-ekialdea zen.

Tabernan lan egin

Festa-gaua zen Mendiko herria auzoko tabernan. Herriko gizonik garrantzitsuenetako baten ezkontza ospatzen ari ziren. Diru pixka bat irabazteko, Rose zerbitzari gisa egiten zuen lan.

Orduan gizon beltz batek deitu zion.

Garcia

Mesedez, andereño, ekar iezadazu garagardo eta barbakoa pixka bat gehiago.

Rose

Ederki, jauna. Hemen nago haiei zerbitzatzeko.

Garcia

Eskerrik asko. Baina, zerk egiten du hain gazte eder batek horrela lan egitea?

Rose

Gurasoei laguntzeko lan egin behar dut. Nire senargaia São Paulora joan zen eta ni bakarrik nengoen.

Garcia

Ergel handia da. Neskamea bat bakarrik utzi al zenuen? Begira, nire etxaldera eraman nahi al neuzkake? Oso triste sentitzen naiz etxalde horretan. Ez dut inorekin hitz egiteko.

Rose

Ezin dut hori egin. Nire senargaiarekin hitzordua daukat. Hori egingo banu, nire izen ona hondatuko nuke gizartearen aurrean.

Garcia

Ulertu. Ez dizut gezurrik esango. Ezkonduta nago, baina nire emazteak hiriburuan daude. Berarekin ezkontzea ez doa ondo. Zin dagizu, onartuko banitu, abandonatuko zintuzke eta zurekin ezkonduko nintzateke. Serio ari naiz hizketan.

Rose

Jauna, baditut printzipioak. Emakume ohoragarria naiz. Bakean bakarrik utzi, ados?

Garcia

Ulertzen dut. Baina lana behar duzunez, nire etxaldeko etxaldean garbitzera gonbidatzen zaitut. Diru pixka batek lagunduko dizu, ezta?

Rose

Hori da egia. Onartzen dut zure proposamena. Orain beste bezero bat ikusi behar dut.

Garcia

Bakean joan zaitezke, laztana.

Rose urrundu egiten da eta nekazariak begira jarraitzen du. Lehen begiratuan, espero ez zuen modu batean, maitasun bat izan zen. Garaiko gizarte-konbentzioen kontra balitz ere, edozer gauza egingo luke bere nahia betetzeko. Nik bere finantza-ahalmena bere alde erabiliko nuke.

Batzorde

Nekazaria joan eta gero, lankide batek Rose deitu zion hitz egiteko. Badirudi pertsona horrek egoera nabaritu zuela.

Andrea

Zein nekazari ederra, egia, emakumea? Aizak, zer gertatzen da? Aukera bat emango al diozu?

Rose

Erotuta al zaude, Andrea? Ez al dakizu hitzordu bat dudala?

Andrea

Utzi tentatzeari. Gizon hau oso aberatsa eta ahaltsua da. Berarekin ezkontzen bazara, ez duzu gehiago jakingo miseria zer den. Ez duzu taberna honetan lan egin beharko. Pentsatu. Hau da zure bizitza aldatzeko aukera bakarra.

Rose

Baina nire senargaia maite dut. Nola traizio egin diezazuket horrela?

Andrea

Maitasunak ez du zure gosea hiltzen. Pentsa ezazu lehenik zeure buruaz, zure finantza-segurtasunaz. Denborarekin, nekazaria dastatzen ikasiko duzu. Eta onena, finantza-segurtasuneko bizitza izango duzu. Nik, zu izango banintz, ez nuke bi aldiz pentsatuko eta eskaintza hori onartuko nuke.

Rose pentsakor zegoen. Ondo pentsatuz, bere lankidea ez zegoen erabat oker. Zer etorkizun izango zenuke gizagaixo baten ondoan? Eta okerrena zera da, urrunegi zegoela. Bestalde, gurasoak gizarte-arauekin lotuta zeuden. Ez litzateke erraza izango horrelako maitasun bat onartzea.

Rose

Eskerrik asko aholkuagatik. Pentsatuko dut esan duzun guztia.

Andrea

Ederki, adiskide. Nire babes osoa dute.

Biak lanean ari dira. Bezeroz betetako eguna izan da. Egunaren amaieran, Rose agur esan eta etxera joango da. Gertatu zitzaion guztiaz pentsatzen zuen.

Familia afaria

Baserrian lan egitea

Rose etxaldearen parera iristen da. Eraikin ikaragarria zen, luzea eta zabala, luzera handikoa. Une horretan, larritasunez betetzen du zure izatea. Zer gertatuko litzateke? Zer asmo izango luke zure nagusiak? Pertsona ona ote zen benetan? Erantzunik gabeko pentsamenduz beterik zeukan gogamena. Adorea bilduz, aterantz doa, txirrina jo eta erantzuna ematea espero du.

Etxeko garbitzailea

Zer nahi duzu, Andrea?

Rose

Etxeko nagusiarentzat lan bat egitera etorri nintzen. Sartzerik ba al duzu?

Etxeko garbitzailea

Jakina baietz. Berarekin joango naiz.

Biak etxean sartu eta gela nagusira doaz. Bertan, nekazari aberatsa zain zegoen.

Garcia

Zeinen pozgarria den gure Rosa maitea ikustea! Irrikaz egon naiz zain. Zer moduz zaude, maitea?

Rose

Lanera etorri nintzen. Ondo nago. Eskerrik asko kezkatzeagatik.

Garcia

Alzira, erosketak egitera joan hirian zehar eta denbora asko eman han. Gaur gauean bakarrik itzuliko da.

Alzira

Banoa, nagusi. Bere eskaerak beti betetzen dira.

Rose erratza eta oihala hartu zituen etxea garbitzeko. Bere lanean mugimendu amoretakoak egiten hasi zen. Baina laster nekazaria hurbildu egin zen. Bere lan-tresnak hartu eta gorde egin zituen. Rose zirgit egin zuen, baina une hura ere irrikatzen zuen. Poliki-poliki, nagusiak bere altzoan hartu eta bere gelara eraman zuen. Amodiozko erritualak hasi zuen, eta bera prest zegoen bere birjintasuna hartzeko. Rose dena ahaztu eta grina hori ematen du. Trantze hipnotiko moduko batean sartzen dira. Plazera besterik ez zitzaion interesatzen.

Bien arteko lotura eguna izan zen, eta maitasun handikoa. Aurreko kontzeptu guztiak eroriak ziren. Ez ziren beldur. Grina ikaragarri batean zeuden.

Garcia

Zurekin harreman esanguratsua nahi dut. Prest nago emaztea uzteko. Egun hauetan, bera eta biok lagunak baino ez gara. Sinets iezadazu, benetan gustatu zitzaizun.

Rose

Aitortzen dut zu ere erakarrita sentitzen naizela. Benetan onartu nahi dut harreman hau. Baina, nola egingo dugu? Nire familiak ez luke onartuko.

Garcia

Niri utz diezadakezu. Iruzur guztiez arduratuko naiz. Bukatu zure senargaiarekiko harremana, eta ni arduratuko naiz gainerakoaz.

Rose

Oso ondo. Izugarri gustatu zitzaidan gure eguna. Orain joan beharra daukat beste pertsona batzuek susma ez dezaten.

Garcia

Zoaz bakean, ene maitea. Laster ikusiko zaitut. Orain ere lan egin behar dut.

Bi aldeak harreman finkatuarekin. Ezinezkoa zirudiena egia bihurtu zen. Jarrai dezagun narratibarekin.

Familia bilera

Nekazaria benetan erabakita zegoen Rose zuen harremanean. Harremana sendotzeko asmoz, familiarekin bilera bat egitea proposatu zuen, gai zehatzak eztabaidatzeko.

Garcia

Rose dudan harremana Iragartzeko asmoz nago hemen bilera honetan. Helburu hori lortzeko baimena nahi dut.

Onofre

Ezkondutako tipoa zara. Ez da atsegina gizartearen begietarako alaba ohoragarri bat gizon ezkondu batekin kontaktua.

Rose

Baina elkar maite dugu, aita. Bukatu dut nire konpromisoa, eta, egia esan, emaztearengandik bananduta. Zer gehiago nahi duzu?

Onofre

Lotsatzat hartu nahi dut. Errespetuzko emakume bat bezala portatzea nahi dut. Askoz gehiago merezi duzu, seme. Oso neska baliotsua zara.

Rose

Emakume handia naiz. Baina gizon zoragarri batez maiteminduta nago. Benetan maite dut. Zer diozu, ama?

Magdalena

Sentitzen dut, ene alaba. Baina ados nago nire senarrarekin. Zure izen ona zaindu behar duzu. Ahaztu gizon hau eta lortu gizon bakar bat.

Rose

Triste sentitzen naiz hain guraso tradizionalak izateaz. Ez dut onartzen.

Garcia

Bere ikuspuntua ulertu nuen. Baina oker daudela uste dut. Oraindik erakutsiko dizut nire balioa. Hau ez da amaiera. Gure zorionean sinesten jarraitzen dut, nire maitasunean.

Rose

Nik ere hala uste dut. Oraindik konbentzituko zaitut oker zaudela.

Onofre

Murrizte zina naiz. Joan zaitezke, motel. Baduzu zure erantzuna.

Henriques ez du gogorik. Bere adiskidetze saiakerak porrot egin du. Porrotak hunkitu egin zuen benetan. Baina estrategia berri bat hausnartzeko eta planifikatzeko zerbait zen. Bizitza zegoen bitartean, itxaropena zegoen.

Omendutako senargaia

Senargaiaren egoera ikaragarria zen. Elkartzeko debekua zutenek gehiegi sufritu zuten familiaren ulertezintasunagatik. Egun ilunak eta larriak ziren. Zergatik jarraitu beharko genizkieke hain harreman-arauak hain zaharkituak? Zergatik ezin gara aske izan eta gure nahiak bete? Hori izan zen bien pentsamendua, hainbeste oztoporen aurrean ere.

Nekazariak jardutea erabaki zezan pentsatzea izan zen. Gutun bat idatzi, negar asko egin eta postari bat kontratatu zuen. Langilea lana egitera joan zen. Denbora gutxian, Roseren etxe aurrean zegoen. Txalotu eta itxaron zure zain. Pertsona bat agertzen da etxe barruan.

Posta-langilea

Aizak, gazte. Rose al zara? Zuretzako mezu bat daukat.

Rose

Bai. Eskerrik asko.

Gutuna hartuta, neska gaztea gelan giltzapetu zen etxera itzuli zen. Malkoak begietan, testua irakurtzen hasten da.

Mendiko herria, 1953ko abenduaren 5a

Aizak, Rose. Bere familiari nire haserrea adierazteko idazten diot, gure harremana debekatu dutelako. Oso triste sentitzen naiz horregatik, erabat maite zaitut. Familia bat eraiki nahi zuen zurekin. Zure finantza miseriatik atera nahi zintudan.

Ez dut uste bizitza guretzat justua zenik. Guretzako beste irtenbiderik ba ote zegoen galdetzen diot neure buruari. Gustatuko al litzaizuke gure maitasunari bigarren aukera bat ematea? Ba al zeneko hori bere gain hartzeko akarak? Izan ere, nahi baduzu, zin dagizu, leku batera ihes egingo dut gauzak hobetu arte. Baina hoztasunez aztertu behar da, eta garrantzitsuena zer den jakin. Erantzuna baiezkoa bada, hona etor daiteke etxaldera, eta dena prest gure bidaiarako. Zure zain nago gaur.

Maitasunez, Henriques García

Rose estatikoa da. Zein proposamen sinesgaitza eta ausarta. Une honetan, emozioen zurrunbiloa pasatzen da zure gainetik. Gogoeta egiteko eta azken erabakia hartzeko denbora nahikoa da. Gurasoak lanera joanak ziren eta gutuna idazteko aprobetxatu zuten, erabakia azalduz. Gero, maletak funtsezkoarekin berdindu eta alde egin zuen. Esandakoa bezalakoa da: "Askeak gara".

Rose autoa bat alokatzen du etxetik irtetean, eta larritasunaz dardarka. Emozio asko sentitzen ari zen aldi berean. Ez zen erabaki erraza izan. Familia-harreman finkatu bat utzi zuen, maitasun-harreman batean sartzera arriskatzeko. Zerk erabakiko zuen hori? Ez jakiterik ziur. Baina nekazari hori, seguruenik, arrazoi onak ziren gizon hezi handiari aliatutako finantza-faktorea, abentura ausart hartan murgiltzeko. Merezi ote zuen? Denborak bakarrik izango zituen galdera horren erantzunak. Oraingoz, askatasun hori aprobetxatu nahi nuen zoriontsu izaten saiatzeko.

Ibilgailuak aurrera egin ahala, malkoak lehortzen saia daiteke. Oso indartsua izan beharko luke aukera horren ondorioak jasateko. Ondorio horien artean, gizartearen kritika eta familia-jazarpena zeuden. Baina, nork esan zuen axola zitzaiola? Besteen iritziaz pentsatzen badugu, ez dugu inoiz geure bizitzak zuzentzeko autonomiarik izango. Ez dugu inoiz gure historia beldurrez idatziko. Horrela, nolabaiteko segurtasun pertsonalak asko lasaitu zuen.

Autoa etxaldera iristen da, gidariari ordaintzen dio eta ibilgailutik jaisten da. Kanpoko zarata entzutean, bere bikotea bere bila dator. Dena prest zegoen benetan. Biak beste ibilgailu batera igo eta bidaiari ekingo diote. Zorionerantz, Jainkoak nahi badu.

Bidaia

Mendiko herria eta Ibai Zuria hiriak lotzen dituen lurrezko bidetik hasten da bidaia. Klima epela da, bidea hutsik eta abiadura handian daude. Bueltan, familia, lagunak eta oroitzapena daude. Etorkizunean, bien arteko harremana gizarteak debekatu egiten du ordura arte.

Garcia

Nola sentitzen zara, maitea? Zerbait behar duzu?

Rose

Ondo sentitzen naiz. Zurekin hemen egoteak kontsolatzen nau. Ez naiz umea hainbesteko bihotz-zimiko sentitzeko. Bat-batean, irudi-sekuentzia bat pasatzen ari da nire burutik. Hemen egotea intoler-antziaren aurka borrokatzea da, nire askatasunaren alde borrokatzea eta bizitzeko poza.

Garcia

Ulertu. Pozik nago aldaketa horren parte izateaz. Ibai Zuria egongo gara hilabete baterako. Horren ondoren, etxaldera itzuli ginen. Onartu egin beharko gaituzte.

Rose

Itxaropena. Bere estrategiak funtzionatzea espero dut. Aukera hori izan behar genuen. Zer gertatzen da zure beste familiarekin?

Garcia

Banantze-prozesuan nago. Nire ondarearen erdia nire emazte zaharr-arekin partekatuko dut. Baina ez nago berarekin ezkonduta egotera beharturik. Poztasun eta dedikazio urteak izan ziren gure ezkontzan, baina gure sufrimenduarekin amaitu behar nuela sentitu nuen. Jende asko ateratzen ari ginen hortik.

Rose

Errudun gutxiago sentiarazten nau. Ez dut etxe suntsitzaile izan nahi. Nire lekua aurkitu nahi dut munduan, eta horrek zure ondoan egotea esan nahi badu, hori nire zoriona bada, onartzen dut unibertsoak eman didala. Baina ez nuen inor suntsitu nahi izan.

Garcia

Ez kezkatu, berehala itzuliko naiz. Ni naiz bere borondatez banandu zena. Inork ezin gaitu epaitu. Ezagutu zintudanetik, poztu egin nauzu. Hortik aurrera, zu izan zinen nire helburua. Ez nuke ahaleginik egingo hori lortzeko. Guztiak gure harremanaren kontra egon arren, inork ezin du geldiarazi. Bilera hau gure destinoetan idatzia izan zen, maktub!

Rose

Eskerrak eman nahi dizkiot unibertsoari horregatik. Laster iritsi nahi dut Branco ibaira. Hobeto ezagutu nahi zaitut. Beste inork ez dit axola. Gu biok gara unibertsoan, osatu eta maite diren bi izaki. Gure maitasuna nahikoa da nirvana lortzeko. Inguratzen gaituen maitasun magia hori da horren erantzulea.

Garcia

Hala izan dadila, laztana. Erabat maite zaitut.

Bide hautseztatu horretatik bakarrik aurrera egiten jarraitzen dute. Zer prestatu zuen patuak biontzat? Haietako inork ez zekien. Bere buruari iluntasunean zehar gidatu zituen energia indartsu bati amore ematea besterik ez. Ez litzateke batere beldur izango, amodioa baitzen dagoen indarrik ahaltsuena. Guztiak merezi ko luke, batak bestea maite duelako. Bizimoduaz ahalik eta modurik onenean gozatu behar zuten, eta ez ziren beren egiak asetzea eragotziko zien gizarte batek emandako arauak izango. Beren arauak zituzten, eta beren askatasun indibiduala beste edozer baino handiagoa zen.

Horretaz jabeturik, Pernambuco barnealdeko bide zoragarri horietan barrena doaz. Harriak, arantzak, kultura-elementuak, landa-gizona, fauna, flora eta hauts handia zeuden. Agertoki hau munduko bene-takoenetako bat izan zen. Etorkizuna zain zuten besoak zabalik.

Hilabete bat Ibai Zuria hirian

Bikotearen ezkontza-gaua Ibai Zuria hiriaren inguruan dagoen etxalde batean hasi zen. Bikotearen intimitate unerik esperoena zen. Maitasunean murgiltzen ziren, gorputz eta gogamenen dantza batean. Sexu-ekitaldian, trantze-egoeran sartu ziren eta inoiz ikusi gabeko munduetara bidaiatu zuten. Hori da maitasunaren magia, irudimenaren mugak gainditzeko gai dena.

Sexu-ekintzaren ondoren, lasaitasun eta estasi une bat da.

Rose

Bizitzan gertatu zitzaidan gauzarik onena izan zen. Ez nuen inoiz pentsatu nire birjintasuna galtzea hain gauza zoragarria zenik. Orain ikusten dut ergela izan naizela hainbeste denbora galdu dudala horren zain.

Garcia

Bai, laztana. Luzaroan egon naiz horren zain, baita ere. Arrazoi zuela ikusten dut. Ezagutu dudan emakumerik interesgarriena zara. Nire biz-itza osorako maite zaitut.

Rose

Gure seme-alabak izango al ditugu?

Garcia

Seme-alaba asko izan nahi ditut zurekin eta zure karreran zehar la-gundu. Hitz ematen dizuet zoriontsu izango garela, zoriontsuak izango bagara ere, nahiz eta denon aurka borrokatuko garen.

Rose

Lasaitu egiten nauzu. Konpromiso hori onartzeko prest nago. Pixkanaka-pixkanaka, egoeraren erritmoan sartzen ari naiz.

Garcia

Eskerrik asko. Oso zoriontsu sentitzen naiz. Orain etxaldera joan behar dut lanera. Zaindu etxeko lanak. Itzuliko naiz.

Rose

Niri utz diezadakezu.

Biek agur esango diote elkarri, eta bakoitzak bere eginerako beteko ditu. Lanean ari zela, Rose bere bizitzarekin zerikusia zuen guztiaz pentsatzen ari zen. Bere ibilbidea aldatzeko, erabaki txiki batek bakarrik eragin zituen aldaketa handiak. Bere buruaz baino ez zuen pentsatu bere familiaren borondatearen kaltetan. Izan ere, besteen iritziaz pentsatzen badugu, ez gara inoiz benetan zoriontsu izango.

Nekazaria itzuli egiten da eta sukaldean daude berriro.

Rose

Nolakoa izan zen zure eguna lanean?

Garcia

Konpromiso profesional asko izan ziren. Oso nekatuta nago. Zer prestatu zenuen afaltzeko?

Rose

Barazki zopa egin nuen. Gustatzen zaizu?

Garcia

Maiteminduta nago. Talentu handia duzu sukaldean aritzeko. Orain zure txanda da. Nola pasa zenuen eguna etxean?

Rose

Garbitasunaren, janariaren eta langileen antolaketaren xehetasun guztiak zaindu nituen. Oso pertsona perfektua naiz . Gure jopuek goretsi egin ninduten. Itxura ona eman nien.

Garcia

Zoragarria, ene maitea. Bazekien pertsona egokia aurkitu zuela. Emazte ona zara eta etxe-garbitzailea. Orain gehiago dibertitzea nahi dut. Logelara goaz?

Rose

Bai. Une horren zain nengoen. Maitasunaren magiaz gehiago ikasi nahi dut.

Biak sukaldetik erretiratu eta elkarrekin ohera joan ziren. Han hasi zen ezkontza-gau berri bat. Duela gutxi konpromisoa hartu zuten, eta lehen une horietaz biziki gozatu behar zuten. Bitartean, badirudi mundua erortzen ari zela.

Rose familiaren erreakzioa

Alabaren gutuna irakurri ondoren, Roseren familia atsekabetuta sentitu zen. Nola izan liteke traizio hau hain gaiztoa? Jarrera horrekin, familia-ospea eta gizartearekiko errespetua besterik ez zituen bota zakarrontzira. Hori serioagoa izan ez dadin saiatuz, Onofre (Roseren aita) maleta prestatu zuen, zaldira igo eta alabaren atzetik joan zen.

Lagun batek bildutako informazioaren arabera, Rose Ibai Zuriako etxalde batean biziko litzateke. Orduan joan egin zen. Lurrezko bidea hartuz, bere helburuaren bila joan zen. Bere adimen atributuan, gauza ikaragarri tristeak gertatzen ari ziren. Mendekua, ankerkeria eta haserrea ziren haren nahia.

Ase gabe zegoen. Gazte-gaztetatik, alabarentzat onena emateko lan egiteko borrokatu zen. Neska on baten alde jarraitu beharreko arau eta araurik onenak erakutsi zituen. Hala ere, bazirudien dena bota zuela. Diruaren truke egin al zenuen? Jarrera barkaezina eta zitzala izango litzateke hori. Familiaren duintasunari iraina.

Ez da segurua, lurrezko bide horretatik aurrera doa. Ipar-ekialdeko agertokiaren aurrean, enbarazu egiten zioten sentsazio bitxiak biziberritzen ditu. Alabak bere izpiritu independente eta ausarta heredatuko ote du? Bere iragana bizi izan zituen grinekin gogoratzen du. Bizitzaz gozatu zuen benetan, baina bere bizitzako maitasuna galdua zuen gizarteko arauen kontakizunengatik. Zoriontsu al zegoen? Nolabait, zoriontsu sentitu zen. Baina ez zen erabateko zoriona izan. Bere benetako maitasuna galdua zuen, eta horrek orbainak utzi zituen bere landabihotzean. Ez zen inoiz gauza bera izan.

Aurrerago, prest nengoen zure alabari lapurtutako gizonari aurre egiteko. Lasai eta zuhur mantendu zen. Baina, egia esan, haserre zegoen. Bikote horrek traizionatuta sentitu zen. Frustrazio, lotsa eta desobedientzia sentsazioa zen. Ideien arteko talka bat egin behar zen.

Hori jakinda, pixka bat geroago, etxaldera hurbiltzen ari da. Jabetzaren sarreran, identifikatu egiten da eta nekazariak jasotzea proposatzen du. Bikotea eta bisitaria etxe handiko egongelan daude.

Onofre

Haserre nago. Lapurrak bezala ihes egin zenuen. Zuek oso egoera delikatua sortu duzue gu guztiontzat. Zer izan zen erokeria hori? Zergatik egingo lukete hori?

Garcia

Hori zen irtenbide bakarra. Zure alabaren jabea izango banintz bezala jokatu zenuen. Baina ez da horrela. Haurrek beren bizitzak erabakitzeko eskubidea dute. Zure alabaren aukeraketa izan nintzen, eta elkar maite izan genuen. Familia bat eraikiko dugu, dena dela. Ez dugu horretarako onespenik behar. Hori argi utzi nahi dut.

Rose

Oso gaizki sentitu nintzen ihes egiteagatik. Baina ez naiz zure presoa, aita. Izpiritua libre daukat. Nire bizitzan zerbait ezberdina probatu nahi nuen. Benetan gozatu nuen nire senarrak eman diezadakeen bizitza. Nazkatuta nago aldean zeraman bizitzaz. Ez bakarrik finantza-gaian, baita nire independentziaren auzian ere. Berarekin seguru sentitzen naiz.

Onofre

Ulertzen dut. Baina beldur zena gertatu zen. Zuek zarete gizartearen eter-a. Mundu guztiak kritikatzen gaitu etxeak suntsitzeagatik. Gizon honek emazte eta seme-alaba bat zituen. Ez da egoera erraza.

Garcia

Denok dugu akats bat egiteko eskubidea, jauna. Oker nengoen nire lehen ezkontza aukeratzean, eta dohakabea izan nintzen. Zure alaba ezagutu nuenean, maitemindu egin nintzen. Ez nuen zalantzarik. Nire bizitza berriro hasi nahi nuen. Ez dut uste inork gu biok epaituko gaituenik.

Rose

Ez nuen inoiz pentsatu erraza izango zenik. Baina ezin naiz beste pertsona batzuen iritzietan oinarrituta bizi. Oso pozik nago nire senarraren ondoan. Biak elkarri osatu genion. Senar-emazteak gara.

Onofre

Sexu-harremanak izan dituzula esan nahi duzu? Beraz, itzulerarik gabeko bidea da. Kaltea eginda badago, orduan geratzen den guztia hori onartzea da. Nire alabarekin ezkonduko al zara?

Garcia

Bai, laster egiteko asmoa dut. Dagoeneko badugu ezkontza-harremana. Egin behar den guztia ofizial egitea da. Zer diozu horri? Zer moduz makillatzen bagara?

Rose

Niretzat bereziki garrantzitsua izango litzateke zure onespena izatea, aita. Ez nuen neure familiarekin gatazkan egon nahi. Onartzen bagaituzu, nire zoriona erabatekoa izango litzateke.

Onofre

Ez daukat beste aukerarik. Mendiko herria era itzul zaitezke. era itzul zaitezke. Ezkontza hau bedeinkatuko dut. Baina eskari bat daukat. Nire familia sufriarazten baduzu, ziur egon zaitezke ez duzula ondorio arrakastatsurik izango.

Garcia

Ez nioke inoiz minik emango maite dudan pertsonari. Hitz ematen dizut nire bizitza osoan ohoratua izango dela.

Rose

Eskerrik asko, aita. Gure aberrira itzultzen gara. Nire seme-alabak zure ondoan haztea nahi dut. Maite zaitut; Maite zaitut.

Hirurak zutitu eta besarkatu egin ziren. Sentitzen dut bilera arrakastatsua izan izana. Orain, zure bizitzarekin aurrera jarraitzen du eta sortuko liratekeen oztopoei aurre egin.

Mendiko herria era itzuliz

Harremanaren arazoarekin, bikotea Mendiko herripeko finkara itzuli zen. Horrela, bizitza ziklo berri bat hasi zen guztientzat. Zoriontsu, familia bildu zuten batasun hori ospatzeko.

Magdalena

Ez nuen espero hori ezagutzea, baina zuek biok bikote ederra egiten duzue. Melodia zoragarria duzu, atsegin handia ematen duena. Zorionak, nire amodioak.

Rose

Eskerrik asko, ama. Oso pozik nago horrekin. Bere babesa izatea nahi zuen guztia da. Arrazoi osoa du. Oso pozik nago nire senarraren ondoan.

Garcia

Benetan estimatzen dut haren oharpena, ama da. Pozten naiz gure artean benetako maitasuna dugula konturatu izanaz.

Onofre

Nire emaztearen hitzak baieztatzen ditut. Barkamena eskatzen dut gure desadostasunengatik. Gizon benetan ona zara. Noiz aterako da ezkontza hau?

Garcia

Urte honen amaieran ezkondu nahi dut. Festa handia izaten ari gara. Denek joan beharko lukete. Egun ahaztezina izango da guztiontzat, gure batasuna gauzatzeko eguna.

Rose

Konfiguratuko dut. Izugarri gustatzen zait jaiak antolatzea. Nire bizitzako egunik zoriontsuena izango da.

Denek txalotu eta garagardoarekin eskaintzen dute. Bizitza benetan noria handia da. Ezer ez da behin betikoa. Une batean, dena bihur daiteke zure bizitzan. Gaur txarra dena lasaitasuna izan liteke etorkizunean. Beraz, ez gara damutzen gure akatsez. Ikaskuntza eta estrategia berriak garatzeko balio dute. Garrantzitsuena gure ametsei uko ez egitea da. Ametsek gidatzen gaituzte lurrean zehar egiten dugun bidaian. Merezi du une bakoitza pozez, jarreraz, fedez eta itxaropenez bizitzea. Beti garaipena eta arrakasta lortzeko aukera. Sinets ezazue.

Mutil-lagun ohia adiskidetzeko saiakera

Peter Sao Paulo ari zen lanean, eta neska-lagunaren traizioaren gutun baten bidez jakin zuen. Triste, larri eta nahigabeturik zegoen. Nola botako zuen zaborretara bion artean zegoen maitasun eder batek? Hori guztia, zure aurkaria nekazari aberatsa zelako? Horrek ez luke inora eramango. Bazekien gizaki gisa zuen balioaz eta irabazteko atzaparrez. Tamalez, ez zuen hori aintzat hartu.

Baina artean ez zuen amore eman. Azken hurbilketa saiakera bat egin behar zuen. Horrela, autobusa hartu eta Brasilgo ipar-ekialdera itzultzeko bidaia egiten hasi zen.

Eszenara iristean, etxaldera aitortzen da. Bere neska-lagun ohiak iragarri eta harrera egiten dio. Egongelako sofan jartzen dira.

Rose

Hain ziur nago nire senarra ez dagoela hemen. Zer egiten duzu hemen? Erotuta zaude?

Pedro

Ez dut onartzen, Rose. Zure falta pila bat nabaritzen dut. Zergatik saldu nuen horrela? Ez al zinen zuk esan ni maite zenidala?

Rose

Ulertzen duzu, laztana. Nire bizitzatik aldendu zara. Ez zuen zure zain egon beharrik. Modu praktikoan pentsatu nuen. Aukera hobea ikusi nuen niretzat.

Pedro

Alde egin nuen gure ezkontzarako dirua lortzeko. Ados egon ginen horretan. Lagun bat lortu duzula entzun nuenean, izutu egin nintzen. Erabat desengainua hartu zenuen.

Rose

Sentitzen dut zure sufrimendua. Baina gazteegia zara. Nahiago nuke beste emakume bat oztoporik gabe aurkituko zenuke. Betiko ahazteko eskatzen dizuet, eta lagunak bakarrik izan daitezela.

Pedro

Ez zara inoiz nire laguna izango. Beti izango zara nire maitasuna. Inoiz zure erabakia berriz aztertuz gero, zatoz ni.

Rose

Oso ondo. Ez dakigu nolakoa izango den gure patua. Jar dezagun hau Jainkoaren eskuetan. Onena zuretzat. Bakean egotea besterik ez.

Pedro

Jainkoak bedeinka dezala eta babestu. São Paulo lanera itzultzen naiz eta nire bizitza zaintzen dut.

Hala gertatu zen. Pedro São Paulo hirira itzuli zen. Sufrimendua ahaztu eta bere bizitzarekin aurrera jarraitu behar zen. Gauza on asko zeuden bizitzaz baliatzeko.

Ezkontzaren ospakizuna

Hain espero zen eguna iritsi da. Dantzan, festan eta musikan nahasitako familia-bilera batean, gure bikote gogokoenaren batasuna ospatu zuten. Ospakizun handia izan zen. Senar-emazteek hitz egiteko unea iritsi da.

Garcia

Une erabakigarria da gure historian. Batasun, harmonia, determinazio eta zorion une bat. Gure bizitzak dira gurekin bat egiten dutenak. Hitz ematen dut, batez ere, duintasunez beteko duela nire senar-papera. Munduko senarrik onena izaten saiatuko naiz. Elkarrekin haziko gara eta gure familia osatuko dugu. Horretarako, familiaren laguntza eta ulermena behar ditut. Ulertzen dut harreman bat zaila dela. Borroka, asegabetasun eta zorion uneak izango dira. Baina hori guztia elkarrekin aurre egingo diogu amaierara arte. Zer uste duzu, maitea?

Rose

Munduko emakumerik zoriontsuena naiz. Nahi nuena lortu nuen. Gure seme-alabak eta bilobak harreman hau koroatzera etor datzala. Hemendik aurrera, bizitza osoa bizi ahal izango dut. Horrek ez du esan nahi dena perfektua izango denik, baina aurkezten diren oztopoak gainditu ditzakegu. Gazte nintzenetik gerrari handia izan naiz. Ez dut sekula utzi bizitzaren ezbaiengatik garaitzen. Garrantzitsuena zera zen, beti izan nuela neure buruarengan fedea. Oso egina nago.

Denek txalotu egiten dute eta festak aurrera jarraitzen du. Familia-ospakizunez betetako egun luzea izan da. Gauaren amaieran, denak agurtzen dira eta bikoteak ezkontzen gauaz gozatzen du etxaldean. Istorio berri baten hasiera izan zen.

Lehen semearen jaiotza

Urtebeteko ezkontza izan da. Rose haurdun geratu zen, eta bederatzi hilabeteren ondoren, alaba jaio zen eguna iritsi zen. Bikoteak autoa hartu eta hiriko ospitalera joan zen. Han, medikua erditzen hasi zen. Bi orduz, emakumeak negar egin zuen eta intzirika egin zuen semea jaio zen arte. Aita erditze-gelan sartu eta semea besarkatu zuen. Ama ere malkoak isurtzen hasi zen, aspertuta.

Garcia

Oso pozik nago. Nire alaba ederra eta dotorea da. Eskerrik asko maitea. Munduko gizonik zoriontsuena egiten didazu.

Rose

Zure ondoan munduko emakumerik zoriontsuena ere banaiz. Hauxe da gure familia-ibilbidearen hasiera. Ikusten dut bide on batetik goazela eta, zailtasun guztiak zailtasun, pixkanaka gainditzen ari garela. Arrakasta gure zain, laztana.

Garcia

Goazen etxera. Gure familiako kideak irrikaz daude.

Bikotea erditze-gelatik atera zen, sarrera nagusia zeharkatu, kanpoaldera iritsi eta autora igo zen. Orduan hasten da itzulerako bidaia. Hiri osoa zeharkatzen dute hegoalderantz eta lurrezko bidetik ibiltzen hasten dira. Mugimendu gutxi zegoen, eguzkia indartsua zen, txoriak autotik kanpo hegan egiten zuten. Beste une batean, eguzkia desagertu egiten da eta euri fina erortzen hasten da. Landa-ingurunea ezin hobea zen gogoeta eta emozioetarako.

Bidean aurrera egiten dute, beren pentsamendu, zalantza eta kezkaz beterik. Mendi sakratuaren bihurgune bihurgunetsuak zeharkatzen dituzte. Mendi abegitsua, serpente antea eta arriskutsua. Emozioak ziren, denbora guztian sortzen zirenak. Bikaina izango litzateke saiatzea.

Etxera iristean, senideak hartu eta ospakizun bat hasten dute. Garagardoa, musika eta dantzarekin egindako festa batean, egun osoaz gozatzen dute. Zorion handia izan zen lagunekin batera partekatua. Beraz, une zoragarriak eta hunkigarriak dituzte. Baina bere ibilbidea ia ez zen hasten.

Lehen merkataritzaren ezarpena

Semea jaio eta gastu berriak iritsi zirenean, bikotea egoera konpontzeko plan bat prestatzen hasi zen eta akordio batera iritsi zen.

Garcia

Merkatu bat irekiko dut zuretzat, emaztea. Zure anaia jarriko dut, lekuaren administratzailea izan dadin. Oso gizon argia da.

Rose

Hori zoragarria da, ene maitea.

Horretan, Roseren anaia etxera iritsi zen eta elkarrizketa entzun zuen.

Roney

Ez dakit nola eman eskerrak. Benetan okupazio bat behar zuen. Gastu asko ditut nire familiarekin ere.

Garcia

Aukera horretaz gain, idiak sortu eta nire lurrean jar ditzakezu. Ez du alokairua ordaindu beharko. Horrela, diru azkarragoa irabaz dezake.

Roney

O, ene Jainkoa, eta hori zoragarria da. Eskerrik asko, koinatua. Ez dizut huts egingo. Denbora guztian konta dezakezu nirekin.

Garcia

Badakit horretaz. Konfiantza izan dezakezun gizona zara. Beti egongo naiz hor zuretzat.

Rose

Ideia handia izan zen hori. Pozten naiz denak funtzionatu duelako. Gure familiaren batasuna zoragarria da. Izugarri zoriontsu nago, maitea. Elkarrekin haziko gara.

Hala ere, konpainia inplementatzeko prestaketak hasi ziren. Dena perfektua izan behar zen negozioa arrakastatsua izan zedin.

Merkatua irekitzea

Irekiera eguna iritsi da. Jendetza handia bildu zen festara. Dantza, edari, musika eta hitzordu ugariko gau batean, abenturari hasiera eman zioten. Bertan zeuden pertsona guztientzat amets bat egitea izan zen.

Merkatuak elikagai ugari zituen eta aitzindaria izango zen eskualdean. Horrek hirira beharrezkoak ez diren joan-etorriak saihestuko lituzke.

Hasierako bikote horren bizitzan gainditutako beste oztopo bat izan zen. Lorpen berriak etor datzala.

Aurrera egin

Hilabete batzuk igaro dira. Merkataritzak eta idi-taldeak aurrera egin zuten, eta horrek finantza-segurtasun handia sortu zuen familia horrentzat. Zorionari dagokionez, harmonia eta bake handian zeuden etxean.

Aldaketa handia izan zen bere bizitzan. Familia-proiektuan sinetsi zuten, eta ausardiaz onartu zuten beren nortasuna. Horrek guztiak emaitza zehatzak sortu zituen.

Hasi zen fase berrian, hegaldi altuagoak prestatzen ari ziren. Familia ideala egiteko elkartuta zeuden. Bake, bilketa eta zorion giro ezin hobea nahi zuten. Horregatik ari ziren hain gogor lan egiten.

Familia

Urteak igaro ziren eta familia haziz joan zen seme-alaba berrien jaiotzarekin. Finantza arloan, gero eta oparotasun handiagoa zuten.

Horrela, familia-harremana ezartzen ari zen. Horrek beste pertsona guztien harreman-aurreikuspenak kontradantzen zituen.

Horregatik, beti behar izaten dugu geure bizitzaz arduratzea. Besteen eraginetik askatu eta gure ibilbidearen egile bihurtu behar dugu. Orduan bakarrik izango dugu zoriontsu izateko aukera. Fedea, erresilientzia, borondatea eta askatasuna behar dira.

Gure benetako patua zoriontsu izatea da. Baina hori lortzeko gehiago jokatu behar dugu eta gutxiago itxaron. Hori da bikote honek bere bizitzan zehar ikasi duena.

Hamar urteko epea

Nekazariak neska-lagunaren familiari lagundu zion finantza-laguntza. Senide guztiak hazi egin ziren zentzu guztietan. Horrek harmonia eta zorion gehiago ekarri zituen denontzat. Batasun perfektua eta zoriontsua izan zen. Hamar urteren ondoren, nekazariak gaixotasun larria zuen. Ahalegin guztiak egin arren, ezin izan zen errekuperatu eta hil egin zen.

Min handia izan zen senide guztientzat. Duelu-prozesua hasi eta luzaro iraun zuen. Garai ilunak eta larrigarriak ziren. Oinaze handi hori pasatu ondoren, beste planifikazio bat egin zen. Bizimoduari modu batera edo bestera ekin behar zitzaion.

Bilera

Nekazaria hil ondoren, senargai ohia Pernambuco itzuli zen. Alargun batekin bilera bat egitera joan zen.

Pedro

Prest nago zu barkatzeko. Alarguna zarenez gero, zurekin egon nahi dut berriro. Ez dut bihotzeko min gehiagorik.

Rose

Seme-alaba batzuk izan nituen senarrarekin. Eta zu ere ezkondu egin zinen. Oraindik berreskuratu al dezakegu gure maitasuna?

Pedro

Benetan diotsut funtzionatuko duela. Oraindik zoriontsuak izan gaitezke. Egoera guztiz bestelakoa da orain. Gure bideak berriro elkartu dira. Aurrera jarraitzen du eta zoriontsu izan zaitez.

Rose

Hartuko dut. Zoriontsu izan nahi dut zurekin. Eraiki dezagun istorio eder bat. Hau da gure aukera.

Bikoteak besarkatu eta musu eman zion bere burua. Ordutik aurrera, seme-alaba gehiago izan zituzten eta harreman ideala eraiki zuten. Amets zahar bat egitea zen. Azkenean, istorioak ondorio arrakastatsua izan zuen.

Gizartean duen zeregina aitortuz

Ez dakigu nondik gatozen eta nora goazen. Hori gure bizitza osoan zehar jazarri digun zerbait da. Jaiotzen garenean eta bizi garen gizarte-inguruneaz konturatzen garenean, bizitzan izan dezakegunaren inpresio arina dugu. Baina uste hutsa da. Barne-ikerketa hauek bilaketa neurrigabe batera garamatza, nor garen eta zer izan gaitezkeen jakiteko. Hor sartzen da jokoan leku egokira garamatzan bizitzaren beraren entrenamendua.

Bizitzaren bide honetan, seinaleak ditugu gidari. Hau onartzea eta begiestea ez da erraza, gure izatean gatazkan bi indar ditugulako: ongia eta gaizkia. Ongiak alde zuzenera zuzendu gaituen bitartean, gaitzak gu suntsitzen eta Jainkoaren benetako patutik urruntzen saiatzen da. Pentsamendu negatiboen ekintza horretatik aldentzea gutxik duten trebetasuna da.

Une horretan, maisu izpiritualak gure bizitzetan agertzen dira. Izpiritua prest izan behar dugu bere aholkuari jarraitzeko eta bizitzan arrakasta izateko. Baina izpiritu errebelde bat bezala jartzen bazara, ez du ezertarako balioko. Horri itzuleraren legea edo uztaren legea deitzen zaio. Jakintsua izan zaitez eta aukeratu zuzena.

Goazen nire eredura. Nire izena aldivan da, alargun, Jainkoaren edo Jainkoaren semea. Finantza-egoera eskasa zuen nekazari-familia pobre batean jaio nintzen. Haurtzaro zoragarria izan nuen, finantza-zailtasunak gorabehera. Haurtzaroaren fase hau gure bizitzako onena da. Oroitzapen onak ditut nire haurtzaro eta gaztaroan.

Helduarora iristen direnean, familiaren eta gizartearen bildumak hasten dira. Fase nekagarria eta deprimitua da. Kontrol emozionala behar dugu agertzen den oztopo bakoitza gainditzeko. Horrela, nire finantza-egonkortasuna bilatzea izan zen nire ikuspuntua. Zoritxarrez, gai emozionala eta maitasun sua izan zen azken aukera. Bien bitartean, erabaki zuzena hartu nuela uste dut. Gai afektibo hau zailegia da gaur egun. Maitasunez betetako mundu krudel batean bizi gara. Pertsona berekoi eta materialistekin bizi gara. Balio moralez bakarrik baliatu nahi duten pertsonekin bizi gara. Aipatu dudan guztiagatik, uste dut alde profesionalerako nire aukera aukeraketa zuzena izan zela.

Unibertsitatea hasi eta zerbitzu publikoan hasi nintzen lanean. Erronka pertsonal handia izan zen niretzat. Jarduera desberdinak eta jarduera artistikoa uztartzea ez da erraza inorentzat. Aurkikuntza eta ikaskuntza handiko garaia izan zen, eta nire pertsonaiaren eraikuntzarekin bat egin zuten. Garai onek zoriontasun eta harmoni-azko distirara eraman ninduten. Garai zailek min izugarri bortitzak ekarri zizkidaten, eta gizon prestatuago batek egin zizkidan bizitzako eguneroko egoerei aurre egiteko.

Nire karrera osoak erakutsi dit gure ametsak direla gure bizitzako gauzarik garrantzitsuenak. Nire ametsengatik jarraitu nuen bizitzen eta nire arrakastari ekin nion. Beraz, ez uko egin nahi duzunari. Bizitza hutsa jasan behar da. Beraz, huts egiten baduzu, berriz aztertu zure plangintza eta saia zaitez berriro. Beti egongo da aukera berri bat edo norabide berri bat. Sinetsi zure potentzialean eta aurrera egin.

Ametsen bilaketa

Haurtzaroan egoera guztiz ahula bizi izan nuen. Brasilgo estandarretan gutxieneko soldata zuen nekazari familia batean jaioa, haurtzaroan zailtasun finantzario handiak izan nituen. Baliabide falta horrek nire asmoen alde borrokatu nahi izan nuen gazte-gaztetatik. Haurtzaroari uko egin nion lan-merkaturako prestatu ahal izateko. Nire helburu bakarra nire finantza-independentzia lortzea zen, eta hori ez da batere erraza.

Era guztietako aisialdia utzi eta neure asmoetan jardun nuen. Hori aukera pertsonala izan zen nire arazo pertsonalaren aurrean. Baina aukera bakoitzak bere ondorioa du. Ezin izan nuen benetako maitasuna aurkitu, alde profesionalari hainbeste eskaini nizunean. Hori nire ekintzen ondorio handia izan zen. Ez naiz damutzen. Bikoteen arteko benetako maitasuna gero eta arraroagoa da.

Ikasketa eta lanean ibilbide luzea egin zuen. Harro nago nire ibilbide pertsonalaz, eta gazteak animatzen ditut beren ametsen alde borrokatzera. Ikuspuntu handia behar da edozein gauzatan. Hala ere, beti izan behar dugu arrazionalak bizitzaren plangintzan. Finantzaren ikuspuntutik, lizitazio publikoa dela aukerarik onena diot. Arlo publikoko lehiak egonkortasuna du, eta hori funtsezkoa da finantza-plangintzarako.

Finantza-plangintza on batekin, bizitzaren ikuspegi hobea lor dezakegu. Bizitzaren beste alderdiak ere gure bizitzak alaitzeko osagarriak dira. Bitartean, ongia egiteko egin behar duguna da. Gure ekintzek bedeinkatuak izateko gai gara erabat.

Haurtzaroko esperientziak

Brasilgo ipar-ekialdean jaio eta hazi nintzen herri txiki batean. Familia apal batekoa zen, eta nire haurtzaroa sufritu egin zuten, baina ondo aprobetxatua. Pilotan jolasten nuen eta mutilekin topeak erortzen uzten nuen, ibaian bainatzen nintzen, fruta-arboletara igotzen nintzen, fruituak jaten nituen, eskolan ikasten nuen, eta errendimendu handiagoa lortzen nuen, jai eta gizarte-ekitaldietan parte hartzen nuen, bizitza guztiz zoriontsua eta erantzukizunik gabekoa nuen.

Egoera finantzario ahularen gaiak ito egin ninduen, baina ez zidan eragotzi senide, senide, lagun eta bizilagunekin batera une zoriontsuak izatea. Inoiz itzultzen ez diren garai onak izan ziren. Hori gogoratzean, nire kemena sentitzen dut nire izate osoan durundi egiten.

Haurtzaroko esperientzia izan zen zoriontsu eta arrakastatsua iza-teko itxaropenak elikatzeko behar nuen erregaia. Nire familia-egoera ez zen erraza izan: familia tradizionala, nire sexualitatea erabat kizkurtzen eta zurruna, erabakirik hartzen ez nuen arte. Aita bizirik zegoenean, familiaren ardura zuen. Gurasoak hil ondoren, nire anaia zaharrenak, bosgarrenak herentzia-lerroan, ez zion inori nire aitaren herentziari buruzko iritzirik izan. Bera izan zen egoera bakoitza menderatu zuena. Gizon gupidagabea zen.

Beraz, gaur egun gurasoengandik heredatu nuen etxean bizi naiz, baina ezertaz erabakitzeko inolako ahalmenik gabe. Egoera honen menpe nago, horrela ez dut kanpoan bizi behar eta bakarrik egon behar. Ez dut bakardadea jasaten bere era batean ere. Etorkizunaren beldur naiz, eta Jainkoari eskatzen diot ez dadila bakarrik egon nire zahartzaroan.

Inork ez ditu nire sexualitatea errespetatzen

Brasil herrialde beldurgarria da LGBTI taldearentzat. LGBTI bezala onartu naiz, eta ez naiz nekatzen joaten naizen lekuan iseka eta txan-txak edukitzeaz. Familia barruan isekak dira, bizi naizen komunitatean, eskolan, lanean bidaiatzen dudanean. Dena den, ez naute inon erre-spetatzen.

Jendeak ulertu behar du sexualitateak ez duela gure izaera definitzen. Hiritar ona naiz, lana, nire zorrak ordaintzen ditut, hiritar gisa ditudan eginbeharrak betetzen ditut eta, hala ere, inork ez dit ezertarako esku-biderik ematen. Ikusezina eta gizartean eragozpena balitz bezala da.

Sentitzen dut hainbeste jendek atzerapen mentala izatea. Sentitzen dut homosexualak tratu txarrak ematen eta hiltzen dituen hainbeste jende egotea. Benetan tristea da babeslekurik ez izatea. Jesukristo da ni babesten nauen pertsona bakarra. Nirekin une oro, eta ez nau sekula utzi.

Nire maitasun-bizitzan egin nuen akats handia

Gizon bat ezagutu nuen nire lan berriko lehen egunean. Oso gizon ederra da, eta adeitsua eta atsegina izan da nirekin. Oso pozik zegoen berarekin. Berehala, oso talde-tasun handia izan genuen eta oso ondo konpontzen ginen. Lagunen bitartez jakin nuen emakume batekin hitzordua nuela. Hala ere, ez zidan eragotzi hura maitatzea, beste gizon bat sekula maite ez nuen moduan. Diru asko kostatu zitzaidan akats handia izan zen hori. Ondoren azalduko dut.

Urtebeteren ondoren, azkenean gizon horrekin harremanetan inbertitzea erabaki nuen. Bientzat oso garrantzitsua zen data batean deklaratu nuen neure burua. Hain sentimendu eder eta sorgindua zena hondamendi handi bihurtu zen. Oso zakarra izan zen nirekin, eta uko egin zidan. Erabat suntsitu ninduen, eta horrekin alde egin genuen, berriro ez elkartzeko.

Ez dut errua esaten. Nire erru nagusia izan zen nire itxaropenak beste pertsona batekin konpromisoa zuen gizon batengan inbertitzea. Baina hori zen benetan nahi zuen froga. Nigatik horrelakorik sentitzen ote nuen ikusi nahi nuen. Emaztea aukeratu zuenean, emaztea ni baino gehiago maite zuela erakutsi zuen. Hori ez dut bilatzen ari. Ez litzateke inoiz bigarren aukera bat izango gizon batentzat. Nahi dut, eta beti merezi dut lehen lekua izatea harreman batean. Hori baino gutxiago, ez dut onartzen. Nahiko ondo sentitzen naiz bakarrik.

Gertaera tragiko honen ondoren, oraindik ere gizon hau gustatu zitzaidan zortzi urtez jarraian. Une honetan, berarenganako dudan sentimendua latentea da. Badirudi distantziak lagundu didala ahanztura prozesuan. Ondo sentitzen naiz mentalki, eta espero dut horrelako tranpa batean berriro ez erortzea. Hobe da buruko osasuna izatea eta ezkongabea izatea.

Nire lankideekin izan nuen desengainu handia

Nire lan berrian eta izan ditudan beste hainbatetan, oso oker egon naiz jendearekin. Egoera horietan guztietan, lagunarteko ikuspegia probatu nuen nire lankideekin. Haien lagun izan nahi zuen, baina benetan sentitzen dut. Dezepzio handiak izan nituen zentzu horretan, eta ondorioztatu zidaten inork ez duela lagunik lanean.

Frustratuta nago, noranahi lagunik ez dudalako. Arazoaren zati handi bat jendearen aurreiritzietan datzala uste dut. Homosexuala naizenez, gizonek ez dute noan edozein modutan sartzea saihesten. Emakumeei dagokienez, beldur dira senarra eramango ote nauen. Beraz, isolatuta sentitzen naiz.

Mundua erronka handia da baztertutako gutxiengo baten parte direnentzat. Pertsona ezberdinekin bizi behar dugu, gure berezitasunen arabera intoleranteak. Ez da gizarteari hain berandu aurre egiteko ahaleginik gabeko prozesua. Ez dut inoren laguntzarik. Ezta nire sexualitate taldean ere, ez naiz solidario sentitzen. Badira beste aurreiritzi batzuk gayen komunitatean, are gehiago isiotzen nautenak. Horregatik, 14 urtez maitasuna bilatu ondoren, erabat errenditu nintzen. Ezkongabea eta zoriontsua naiz egun hauetan. Jainkoak argiztatua eta bedeinkatua sentitzen naiz egiten dudan guztian.

Iragarpen handiak nire bizitzarako

Oso gizon zoriontsua naiz. Nire osasuna egoera onean daukat elikadura-birdoitze handi baten ondorioz, noizean behin bisitatzen nauten senide asko ditut, ekonomikoki sostengatzen nauen lana daukat, nire jarduera artistikoak nire laguntza psikologiko gisa ditut, eta jainko handi bat daukat, inoiz utzi ez nauena.

Zailtasun handiak izan ditut gaztea nintzenetik, eta horrek gaur naizen gizona bihurtu ninduen. Oso pertsona indartsua naiz mentalki, espiritualtasunean sinesten dut, nire zori onean sinesten dut eta nire ametsak errealitate bihurtuko direla uste dut, denbora hartzen badute ere. Ametsen bilaketa honek mantentzen nau bizirik. Idazlea, konpositorea, zinemagilea, gidoilaria eta itzultzailea naiz, besteak beste.

Nolabait, amets asko bete ditut. Oso baldintza kaltegarrietan jaiotakoentzat lorpen handia da. Ezer gabe jaio nintzen eta gaur lasterketa egonkorra daukat. Dena nire ahalegin pertsonalari esker. Oso pertsona jaukala eta bideratua naiz. Harro nago neure buruaz zentzu guztietan. Orduan, nire bizitzarako egiten dudan iragarpena da erabateko arrakasta izango dudala, horretan ahalegintzen naizelako.

Santu hura botikario baten semea zen

Farmazia

Civitavecchia- Italia

1745eko urtarrilaren 1a

Lan-taldea buruzagiaren semearen ospakizun pribatuan bildu zen.

Burua

Nire bigarren familiarekin bilduta gaude hemen, nire semea nire familiara iritsi dela ospatzeko. Poztasun eguna da eta belaunaldi baten jarraipena. Neure ondasunak eta izaera eredutzat utziko ditut. Zure laguntzaz kontatzen dut, Eloisa maitea, seme hau elkarrekin hazi ahal izateko.

Eloisa

Hunkituta nago, maitea. Gaur egun atsegingarria da niretzat. Jai-ziklo baten hasiera. Hitz ematen dizut gure semearentzat ahalik eta amarik onena izateari utziko diozula.

Enplegatuen ordezkaria

Langile guztien izenean, bikotea zoriontzen dugu eta osasuna, arrakasta, oparotasuna eta pazientzia nahi ditugu haurra hazteko. Ez da lan erraza haurrak zaintzea egun hauetan. Edozein modutan laguntzeko prest egongo gara.

Burua

Eskerrik asko guztioi!

Jaia hasi da. Janari, dantza, musika banda eta alaitasun handia zegoen. Hiru egun jarraian izan ziren festaz, eta denak oso nekatuta sentitu ziren. Ekitaldi nabarmenak egin behar ziren, eta atsedena merezi zuten, gogor lan egiten zutelako.

Lehen urteak

Vicente Maria Strambi haurra alaia, dibertigarria eta gurasoei oso obedientea zen. Familiaren finantza-egoera handia zela eta, aukera asko zituen: irakasle partikular bat zuen, igeriketa-eskolak, lagunekin kirolak egiten zituen, asko bidaiatzen zuen eta bakardade uneak zituen. Asko ikasi zuen Biblia, eta horrek haurtzaroaren eta gaztaroaren hasieratik erakutsi zuen bere joera katolikoa.

Egun batean, azkenean, familia-une berezi bat gertatu zen.

Burua

Dena zure bidaiarako prest, seme. Erlijio katolikoan zuen interesaz ohartu ginenean, amak eta biok seminariora bidaltzea erabaki genuen. Bertan, garapen psikologiko, erlijioso eta emozional hobea izateko aukera izango duzu.

Eloisa

Ideia argia dela uste dut. Funtzionatzen ez badu, itzul zaitezke. Nire etxeko ateak beti egongo dira zabalik zuretzat, seme.

Vicente

Eman egin nizun, ama. Eskerrak ematen dizkiet biei. Bete-betean nago eta itxaropen askorekin. Hitz ematen dut neure ikasketetan arituko nintzela. Oraindik gizon handia izango naiz.

Eloisa

Gure harrotasuna zara, seme. Behar duzun babes guztia emango dizugu. Konta ezazu beti gurekin.

Vicente

Eskerrik asko. Oporretan gaude.

Besarkada luze baten ondoren, eta musu eman ondoren, azkenean banandu egin ziren. Gidariak haurra autoan lagundu zion eta une batzuk igaro zituen behin betiko joan ziren arte. Bidaia berri baten hasiera izan zen haur horrentzat.

Bidaia

Ibilaldiaren hasiera monotonoa hasi zen. Haize hotzak eta tanta txikiek bakarrik jo zuten atzerako ispilua, eta auto barruan zipriztindu zuten, haurra erne utziz. Emozio asko zegoen aldi berean. Alde batetik, ezezagunaren beldurra eta, bestetik, antsietatea eta urduritasuna. Hori gure bizitzetan agertzen diren egoera berrietan agertzen diren pertsona askori dagok. Ez zen erraza izan gurasoen erosotasun eta babeseko bizitza uztea, baita Vicente ume bat besterik ez zena baino gehiago ere.

Zigarro pakete bat erori egin zen etxebizitzan. Umea jaitsi, zigarroak hartu eta gidariari itzuli zion. Esker oneko adierazpena egiten du.

Gidaria

Bizia salbatu zenidan, umea. Zigarro pakete horrek salbatzen nau depresiotik.

Vicente

Ba al zenekien zigarroak ohitura txarra direla, eta hori kaltegarria izan daiteke zure osasunerako? Zer gertatu zen zure bizitzan erretzen hasteko?

Gidaria

Gauza asko izan ziren. Ez zaitut nire arazoez kezkatu nahi.

Vicente

Ez arazorik. Baina zuretzako lagun eta aholkulari ona izan liteke. Zerk molestatzen zaitu?

Gidaria

Lindsey eta Rian eta biok familia ederra osatu genuen. Metalurgia batean egiten zuen lan, emaztea maistra zen eta nire semea etxe-garbitzaile baten ardurapean zegoen. Familia batua, egonkorra eta zoriontsua ginen. Lanean akats bat egin eta agur esan zidaten arte. Horren ondoren, nire etxea erori egin zen. Semea zaindu behar nuen, eta ez zegoen beste ahaleginik, ez zitzaidan emaztea gustatzen. Borrokak hasi ziren, gure sindikatua desegin egin zen eta hautsi egin behar izan genuen. Berak eta semeak etxea hartu eta apartamentu batera joan behar izan nuen. Gidari autonomo bihurtu nintzen nire kontuak ordaindu ahal izateko. Bakardade une urragarri bat izan nuen, eta erretzera ohitu nintzen. Geroztik, ez dut adikzio madarikatu hau gelditu.

Vicente

Egia esan, istorio tristea da. Baina ez dut uste astindu behar denik. Zure emazteak zure ahulezia ulertzen ez bazuen, orduan ez zintudan behar adina maite. Harreman faltsu batetik libratu hintzen. Galera bakarra zure semea izan zela uste dut. Baina uste dut bisita dezakezula eta horrela arindu nahi hori. Jarraitu aurrera. Bizitzak poz handiak ekar esan diezaiekezu oraindik. Egin behar duzun gauza bakarra zure baitan sinestea da. Utzi zigarroa ahal duen bitartean. Irakurtzea, aisialdia, elkarrizketa hezia edo lan artistikoa egitea da hori. Burua okupatuta eduki eta depresio-sintomak hauskorrago bihurtuko dira. Egun batean zure buruari esango diozu: "Prest nago berriro zoriontsu izateko". Egun horretan, emakume fantastiko bat aurkituko duzu eta berarekin ezkonduko zara. Litekeena da lan hobea eta familia berri bat izatea. Zure bizitza zaharberritua izango da orduan.

Gidaria

Eskerrik asko aholkuagatik, adiskide. Nire bizitza berreraikitzeko prozesu hau izugarri motela izango dela dirudi. Berpizteko une egokiaren zain egon behar dut. Bien bitartean, fede handiz noa. Egia esan, zure hitzek asko lagundu zidaten.

Vicente

Ez didazu eskerrik eman behar. Jainkoak nire hitzak inspiratu dituela uste dut. Jarrai dezagun aurrera!

Isiltasun bat zintzilik bikotearen artean. Autoa bizkortu egiten da eta eguzkia irteten hasten da. Seinale handia izan zen hori. Eguzkiak giharrak, arima eta bihotza berotzeko behar zuen kemena ekarri zuen. Arnasa bat izan zen hain arima atributuentzat.

Bidaiak aurrera egin zuen, eta ez zen iritsi helmugara iritsi eta bere lanetik atseden hartzeko unea.

Seminariora iritsi

Bikotea, azkenean, mintegira iristen da. Autotik jaisten denean, haurrak txartela ordaintzen du, autotik aldendu eta eraikinaren sarrera ikaragarrirantz doa. Urduritasun, zalantza eta urduritasun nahasketa batek jarraitu zion. Zer gertatuko litzateke? Zer emozio espero zenituen egoitza berrian? Denborak bakarrik erantzun ahal izango lieke zure galderarik intimoenei.

Gelan zegoen. Maleta besoetan zuela, moja baten galderak erantzuten hasi zen.

Angelina

Nondik zatoz? Zenbat urte dituzu?

Vicente

Civitavecchia naiz jatorriz. 12 urte ditut eta bizitza erlijiosoan sartzen ari naiz.

Angelina

Oso ondo. Jakin ezazu erlijio-bizitza ez dela modu erraza, gazte. Munduko bidea askoz ere abegitsuagoa eta arinagoa da. Erlijiosoa izatea erantzukizun handia da. Hasiera batean, zure ikasketetan zentratu behar duzu. Erlijio-bokazioa duzula konturatzen bazara, orduan hurrengo pausoa eman beharko duzu. Guztiak du bere une egokia.

Vicente

Ulertu. Hori da nola jokatuko dudan. Ziur egon zaitezke.

Angelina

Orduan, zer esan dezaket? Ongi etorri, laztana. Itxaropenaren etxea denontzat hartzen den lekua da. Jokabide-arauak betetzea espero dugu. Errespetua da gure arau nagusia.

Vicente

Eskerrik asko. Ondo egongo dela agintzen dut.

Haurra gela batera eraman zuten. Bidaia nekagarria izan zenez, atseden hartzeko prest agertu zen. Guztiz sendatuta egon behar izan zuen bere lan apostolikoa hasteko.

Andre Mariaren bisita

Afalostean, haurra otoitzean bildu zen gelan. Isiltasun kezkagarria izan zen gaua bete zuena. Handik gutxira, brisa fina sentitzen hasten da. Emakume bat hodei zuri baten barrutik hurbiltzen da eta gelan lurreratzen da. Emakume beltzarana zen, alaia, aurpegi gorriak eta irribarre sinestezina zituena.

Vicente

Nor zara?

Maria

Nire izena Maria da. Ni naiz gizateria osoarentzat beharrezkoak diren esker on guztien bitartekaria.

Vicente

Zer nahi duzu nitaz?

Maria

Gizateriaz ohartarazteko erabili nahi zaitut. Heresia-garai krudeletan bizi gara. Gizateria Jainkogatik desbideratu da eta deabruak bere gorrotoarekin mundua menderatu du. Oso arima on gutxi.

Vicente

Zer uste duzu egin behar dudala?

Maria

Asko maite dute. Rosarioak egunero otoitz egiten du gizateriaren sendakuntzaren alde. Indarrak batu behar ditugu gizateria erreskatatzeko.

Vicente

Zer diozu nire bide apostolikoari?

Maria

Dena daukak nire elizan hazteko. Gazte jakintsua zara, hezia, balio handikoa eta bihotz onekoa. Zu Eliza Berria zaharberritzeko aukeratutakoetako bat zara, kaleko jopu guztiak ikusten dituen erlijio inklusiboagoa.

Vicente

Pozik nago hain lan onarekin. Hitz ematen dizut ahalik eta gehien eskainiko dudala. Eliza eboluzionatzea eta fededunentzako zeruko atea izatea behar dugu. Eskerrik asko aukera honengatik.

Maria

Ez didazu eskerrik eman behar. Hemendik atera behar dut. Gera zaitez Jainkoarekin.

Vicente

Eskerrik asko, ama maitea. Beste behin ikusiko zaitut. ·

Jainkoaren ama hodeira itzuli zen, eta begi itxi eta ireki batean desagertu egin zen. Nekatuta, umea lotara joan zen. Datozen egunetan albiste gehiago ekarriko lituzkete.

Erlijioari buruzko ikasgaia

Goizean goiz, gosaldu ondoren, teologia klasea ikasleekin hasi zen.

Maisua

Hasieran, Jainkoak zeruak eta lurra sortu zituen. Pixkanaka-pixkanaka, espazioak izaki bizidunez betez joan ziren. Jainko handia aniztasunaren Jainkoa da. Gero milioika espezie ezberdin sortu ziren, bakoitzak bere funtzio espezifikoarekin. Giza espeziea sortua izan zen eta lurra zaintzeko lana eman zitzaion. Dena oso ederra zen bakea erresuma osoan nagusi zela. Harik eta gizon primitiboak sortzailearen legea hausten saiatu ziren arte. Horrela etorri zen giza ibilbidea lausotu zuen bekatua. Baina dena ez zegoen galdua. Jainkoarekiko adiskidetzea etorkizuneko garai batean agindu zen. Ikusi dugu Kristok ondo bete zuela paper hau santutasuna itzultzean. Bere gurutziltzaketaren bidez, Kristok gizateria osoa batu zuen.

Vicente

Badira teoria honetan ulertzen ez ditudan gauza batzuk. Ez al zen gizakia betiko dualista izan? Kristo hil al zen gure bekatuetatik sal-batzeko, ala juduen konspirazio baten biktima izan zen?

Maisua

Izan ere, gutxi dakigu gizateriaren jatorriari buruz. Antzinako eskuizkribuek diote gizakiek beren jatorrian izan zuten santutasuna eta Jainkoaren legearen haustea izan zela bekatuaren jatorriaren kausa. Ez egia zein den jakiteko modurik. Kristok esan zuen bezala da: Ez duzu bizi behar sinesteko. Bigarren galderari dagokionez, bi hipotesiak egiazkoak direla esan dezakegu. Gure nagusia traizioaren biktima izan zen, eta hori gizateriaren aldeko sakrifizio gisa balio izan zuen. Kristo perfektua zen eta ez zuen hiltzea merezi. Haren heriotza Elizaren sorreraren eta gure salbazioaren prezioa izan zen.

Vicente

Ulertzen dut eta sinesten dut. Horrek zure hitzak sinestera narama. Kristo izan daiteke gizakia eraikitzen duen indar sortzaile honen sinboloa. Indar solidarioa, ulerkorra, ongia eta gaizkia besarkatzen dituena, adiskidetzearen zain beti. Baina justizia-indarra ere bada, ona eta txarra babesten duena. Horretan dator itzulera-legearen kontzeptua. Egiten dugun gaitza indar handiagoarekin itzultzen zaigu.

Maisua

Hala da, laztana. Horregatik zaindu behar dira gure balioak. Gure akatsak zuzendu behar dira eboluzionatu ahal izateko. Hitz egin baino lehen, pentsa ezazu. Lekuz kanpoko hitz batek min handia eman diezaioke gure auzokideari. Kalte horrek arazo psikologiko iraunkorrak eragin ditzake. Giza arima gehiegi gaizki gaizkitzen du.

Vicente

Horregatik izan da nire leloa beti inor mintzea. Hala ere, jendeak ez nau gauza bera zaintzen. Mina eta gaizki-ulertuak eragitea ere ez zaie axola. Jendea oso berekoia eta materialista da.

Maisua

Hori da teologia aztertzen dugun arrazoia. Jainkoa indar handiagoa dela ulertzea da gure ahuleziak harritzen duena. Barkamena gure hutsegiteen askapena dela ulertzea da. Kristoren sakrifizioan seinale bat ikustea da, gure etsaien aurka garaipenaren ziurtasunarekin borrokatu ahal izateko.

Vicente

Eskerrik asko, irakasle. Eskolaz gozatzen hasia naiz. Jarrai dezagun aurrera!

Klaseak goiz osoa iraun zuen eta Kristoren fedearen plazer eta onarpen garaia izan zen. Eskola amaitu ondoren, bazkaltzera eta atseden hartzera joan ziren. Dena ondo zegoen itxaropenaren etxean.

Mintegian elkarrizketa

Bi urte igaro dira Vincent gazteak ikasi zuenetik. Orduan hurbiltzen ari zen zure etorkizuna erabakiko zuen elkarrizketaren unea.

Erlijiosoa

Konturatzen gara oso gazte arduratsua zarela arlo guztietan. Zorionak eman nahi dizkizugu. Etorkizunerako zein nahi duen ere jakin nahi genuke. Apaiz bihurtu nahi al duzu benetan?

Vicente

Eskertzen ditut hitzak. Kristo izan naiz jaio nintzenetik. Orduan, nire erantzuna positiboa da. Kate on honekin bat egin nahi dut. Arima asko irabazi nahi ditut nire jaunarentzat.

Erlijiosoa

Oso ondo. Orduan errito sakratuak antolatzen ditugu. Aldez aurretik, ongi etorri klasera.

Vicente

Eskerrik asko. Hitz ematen dizut ez dizudala huts egingo.

Bizitzak aurrera egin zuen. Vicente apaiz ordenatua izan zen eta apaiz-jarduerak hasi zituen. Amets zahar bat egitea zen, eta bazekien familia-harrotasuna zela.

Pasio-kongregazioan sarrera

Vicente kongregazio maitagarria joan zen, sortzailearekin bilera bat izateko asmoz.

Pablo de la Cruz

Gure kongregazioarekin bat egin nahi duzula esan nahi duzu?

Vicente

Bai. Ikusten dut oso ondo hitz egiten duzula zure lanaz. Bere ekintzengatik nago. Nire onena eman nahi dut eta taldearen hazkundeari lagundu.

Pablo de la Cruz

Pozten naiz zu lortzen ari zarenaz. Gure enpresa irekita lagundu nahi duen orori. Zure lan apostolikoa izugarri gustatzen zait eta erosketa handia zala sinestarazten dit. Ongi etorri.

Vicente

Lausengatuta nago. Are gehiago, errealitate bihurtutako ametsa da. Ziur egon zaitezke ahal dudan guztia egingo dudala.

Vicente formalki taldean sartu zen eta kongregazioaren gizarte-lanean parte hartu zuen. Kristauaren adibide nabarmena izan zen.

Herrialdea misiolari gisa zeharkatuz

Italia hegoaldeko herri batean

Nekazaria

Jainkoaren mandataria zarenik esan nahi duzu? Nola uste duzu lagun diezaiokezula nekazari pobre desesperatu bati?

Vicente

Jainkoaren bakea dakarkit nirekin. Jainkozko irakaspenen bidez, zure arazoak gainditu eta pertsona loratuago bihur zaitezke.

Nekazaria

Oso ondo. Nola izan naiteke zoriontsu Jainkoaren legeari jarraiki?

Vicente

Gorde aginduak. Maite izan Jainkoa lehenik, zure burua bezala, ez hil, ez lapurtu, ez bekaiztu, lan egin zure ametsen alde, barkatu eta karitatea egin. Hauek dira egin ditzakezun gauza batzuk, eta gizaki hobea bihur zaitezke.

Nekazaria

Batzuetan triste sentitzen naiz nire frustrazio pertsonalengatik. Nire ametsa medikua izatea zen, baina pobreziak beste bide batzuk hartzera behartu ninduen. Gaur egun jornalera eta garbigailua naiz. Lanaren diruarekin, nire hiru seme-alabak mantentzen ditut. Nire senar alkoholikoak beste emakume batekin ihes egin zuen. Ona zela pentsatu nuen, nire bizitzarako zama bat zelako. Oraindik gogoan ditut zure traizioak, eta hori mingarria da. Nire bizitzarako bide argiagoa aurkitu nahi nuen.

Vicente

Zaindu zure seme-alabak. Zure aberastasunik handiena dira. Gure familia da gure aberastasunik handiena. Nire bizi-esperientziatik, ekar izakiko ondo. Zure ametsak beteko dituzu haien bitartez.

Nekazaria

Egia. Ahalegin handia egiten dut ez neukan guztia emateko. Amen aholkulari ona naiz. Nire seme-alabentzat onena nahi dut.

Vicente

Ondo da. Jainkoak bedeinkatuko zaitu eta zure oinazeak sendatuko ditu. Irakasera datozen gaitzak daude. Sufrimendurik gabe ez garaipenik. Porrotak benetako irabazle izateko prestatzen gaitu.

Nekazaria

Aintza Jainkoari. Eskerrik asko guztiagatik, Aita.

Vicente

Jainkoari eskerrak, ene alaba. Onena zuretzat.

Artzain kristauaren lana guztiz zoragarria izan zen. Berak listatu zituen jendetzak Kristorengan zuen jakituria eta fedearekin. Adibide nabarmen bat, ongia beti nagusitzen dela.

Kongregazioaren Fundatzailearen heriotza

Paul da Cruz hil egin zen. Min izugarria izan zen Vicenterentzat, bere lagun mina baitzen bereziki. Egun latza izan zen. Jendetza bildu zen hil-beilara. Otoitz eta malko artean, gizon handi horren galera negar egin zuten. Heriotza benetan azal ezina da. Heriotzak gehien maite ditugunen presentzia kentzeko ahalmena du.

Hileta segizioa etxetik irten eta hiriko kaleetatik hilerrirantz abiatu zen. Arratsalde eguzkitsua zen, haize biziekin, aurpegiak izu-ikaran jotzen zituena. Han amaitu zen gizon noble baten ibilbidea. Bere erlijio-sineskizunei eskainitako gizona.

Hilerrian induskatutako zulotik aurrerako desfilea. Azken hitza zure dizipulu nagusiari ematen zaio. Gure Vicente maitea.

"Gizon handi bat agurtzeko unea iritsi da. Bere kongregazioaren aurrean lasterketa bikaina duen gizon bat. Benetan lan egin zuen bere eginkizunean. Bere proiektuan, milaka pertsonari lagundu zien bere aholkuekin, finantza-laguntzarekin eta adibide onarekin. Nobleziaren arrasto bat utzi zuen. Harro zegoen bere familiaz, gizarteaz eta anai-arreba kristauez. Izaera ezeztaezina zuen, eta gizaki hobeak izatera garamatzan. Zoaz bakean, anaia! Jainko sortzaileak merezi duzun atsedena eman diezazula. Egunen batean berriro elkartuko gara.

Malko eta txalo artean, gorpua lurperatu egin zuten. Han amaitu zen lurrean gizon handi baten ibilbidea. Zorte handia opa izan zion bere betiko egoitza berrian.

Gotzain kargurako izendapena

Vicente Maria bere misioan eta santutasunean hazi zen. Bere lan apostolikoa denek miretsi zuten. Bere lanaren sari gisa, elizbarrutiak gotzain kargura igotzea erabaki zuen.

Egun handia iritsi da. Zeremonia pribatu batean, apaizak ospakizun handi batean bildu ziren.

Gotzain ohia

Erretiroa hartzeko eta nire zahartzaroaren gainerakoa atseden hartzen pasatzeko unea iritsi da. Hona hemen, Vicente Maria aukeratu dugu nire lekua hartzeko. Lanerako oso kalifikatuta. Kongregazioan duen proiektua tresna baliotsua izan da Eliza Katolikoarentzat, heresien aurkako borrokan eta fededun berrien konkistan. Zorte on pixka bat opa dizut, laztana. Zer esanik?

Vicente Maria

Ohore bat da niretzat halako kondek orazio bat hartzea. Hitz ematen dut nire sineskizunei leial iraungo dudala eta elizako ama santuaren legea beteko dudala. Jainkoa nirekin egon dadila ibilaldiaren berrekite handi honetan.

Txaloak ematen dizkiete biei. Ziklo berri bat izan zen guztion bizitzan. Bazekiten elizbarrutia segurua zela eta eliza santua are gehiago haziko zela. Jainkoa denekin!

Napoleon Bonaparteren inbasioa

Napoleon Bonaparteren Eliza lapurtu zuen enperadorea izan zen. Kongregazio osoa menderatzeko, soldaduek elizbarrutia inbaditu zuten gotzainaren jarrera eskatuz.

Soldadua

Napoleon Bonaparteren izenean gaude hemen. Gotzain jauna, Napoleon Bonaparteren autoritatearen menpe jartzen al zara?

Vicente Maria

Sekula ez. Ez naiz inongo gizakeren autoritatearen menpe jartzen. Ni naiz Kristoren joale bakarra.

Soldadua

Beno, hori da dena. Atxilotzea lortuko dut. Sufritzeko asko izango duzu agintariak errespetatzen ikasteko.

Vicente Maria

Hau baldin bada Jainkoaren nahia, prest nago! Eraman nazazue. Ez diot gizonen justiziari beldurrik.

Apezpikua kartzelara eraman zuten. Ondoren, Novara eta Milan hirietara erbesteratu zuten zazpi urtez.

Erbesteko aldia

Erbesteratuta egon zen zazpi urteetan, Vincentek bere fedea erakutsi zuten tortura fisiko eta hitzezko mota ezberdinak jasan zituen. Garai zailak ziren inperialismoa potentziarik handiena zenean. Espetxean dagoen haren txostena:

"Jainko jauna, nola sufritzen dut! Irteera batean nago. Nire zapalak asko eta indartsuak dira. Hain bakarrik sentitzen naiz. Bien bitartean, jauna, zu zara nire indarra eta indarra. Zugan berpizkunde bat sinesten dut. Fase bat dela uste dut, eta zure esku indartsua nire bizitza eraldatzera etor daitekeela. Konfiantza dut nire balioetan eta nire fedean. Dena ondo egongo da".

Soldadua

Napoleon Bonaparteren erresuma erori egin da. Libre zara zure elizbarrutira itzultzeko.

Vicente

Aintza Jainkoari. Ez dakit nola eskertu jaurtiketa honengatik. Nire bizitzan lehen aldiz, erabat libre sentitzen naiz. Jainkoari eskerrak horregatik! Nire misioak aurrera jarrai dezake.

Misioaren agurra

Vicente Mariak gotzain kargua hartu zuen beste urte batzuetan. Agure gisa, uko egitea eskatu zuen. Bere betebeharretatik libre, katekista-misioetan jarraitu zuen. Bere misioa bere egunen amaierara arte luzatu zen. Bere kanonizazio ofiziala 1950ean egin zen.

Amaiera